Couverture :
Carennac, Lot
Slide/Repérant

Pages 6/7 :
La Roque-Gageac, Dordogne
Slide/Repérant

Page 11 :
Collonges-la-Rouge, Corrèze
Slide/Repérant

Page 133 :
Plan d'une ferme vers 1455, Somme
Tallandier/Archives nationales

Dos :
Lautrec, Tarn
Slide/Repérant

ISBN : 2.907.670.09
ISSN : 1158/4386
Dépôt légal 3° trimestre 1997
Imprimé en Italie

Crédit photographique :

Ce livre a été réalisé avec le concours de l'agence **Slide** pour les pages suivantes :
Slide/Repérant : 1, 6/7, 11, 12/13, 14/15, 16/17, 20/21, 28/29, 38/39, 40/41, 42/43, 46/47, 48/49, 52/53, 54/55, 56/57, 58/59, 60/61, 66/67, 72/73, 74, 76/77, 78/79, 80/81, 83, 84/85, 86/87, 88/89, 90/91, 92/93, 96/97, 100/101, 106/107, 136,
Slide/Cartier : 95,
Slide/Cash : 129,
Slide/Dubonnet : 68,
Slide/Dune : 62/63, 70/71, 98/99,
Slide/Huitel : 108/109, 110/111,
Slide/Koechlin : 69,
Slide/Pétri : 44/45,
Slide/Roignant : 36/37,
Slide/Sénolf : 26/27, 34/35,

Eparzier : 18/19, 30/31, 104/105,
Le Figaro Magazine/Lechenet : 22/23, 94, 112,
Gsell : 24/25, 51, 64/65,
Pix/Marcou : 32/33,
Pix/Gautier : 102/103,
Tallandier/Archives nationales : 133.
Texte : Suzanne Madon
Collaboration : F. B.

Splendeurs des VILLAGES *de France*

Suzanne Madon

Préface
Denis Tillinac

EDITIONS MOLIÈRE

collection
SPLENDEURS

LES VILLAGES DE FRANCE

PRÉFACE

Le plus beau voyage du monde n'exige qu'une voiture automobile, une carte Michelin et le goût de la poésie ; c'est une dérive à terme indéfini sur nos routes départementales entre les mille villages, les mille visages contrastés d'une beauté tantôt secrète et tantôt rutilante.

Quand Riquewihr se découvre entre ses vignes à l'ombre bleutée du mont Sainte-Odile, quand Roussillon surgit sur son piton rouge, quand apparaît entre ses gorges le profil de l'abbatiale de Conques, les frontières du temps sont abolies, celles de la réalité s'estompent, on entre dans le royaume magique de nos imageries d'enfant. Les villages de ces "pays" chers à Fernand Braudel tissent la trame polychrome d'une tapisserie où les styles, sertis dans les décors de la géographie, reflètent la diversité inouïe de la "doulce France". Ils suggèrent les heurs et malheurs d'une ruralité qui agonise, sans le souvenir de laquelle nous ne serions que des fétus livrés aux vents délétères de la modernité. Ils suggèrent, aussi, le bon goût de feu nos bourgeoisies de campagne.

C'est l'Histoire de France qui défile lorsque le promeneur, négligeant les lieux absurdement communs du tourisme international, commémore les âges féodaux entre les murs de basalte noir de Salers, la foi ardente devant l'église de Talmont, face à l'estuaire, la saga de la Résistance sur l'île de Sein. Sur les hauteurs de Vézelay souffle l'esprit : il se repose dans l'Auge des vaches bicolores, des pommiers et des herbages de Beuvron. En somme il s'agit d'une invocation exotique au génie le plus humble d'un peuple qui avait dans le cœur le sens du beau et de l'intimité. A-t-il perdu le secret de cette grâce harmonieuse qui émane de chaque encoignure ? On peut le craindre.

Faute d'une esthétique contemporaine qui cesserait de nous attrister – le mot est faible – je ne connais pas de meilleure pédagogie que de montrer aux enfants de citadins et de banlieusards ces maisons blotties autour d'un clocher, d'un donjon ou d'un monastère, bâties à mains nues par des hommes qui célébraient spontanément ce que nous recherchons en vain : les noces du trivial et du sublime. On se lasse de tout, parce qu'on nous montre tout, mais le dernier enchantement est à portée de toute convoitise.

Denis TILLINAC

SOMMAIRE

Nord Picardie Champagne Ardenne

La région du Nord reflète une histoire complexe où se mêlent les grandes heures du duché de Bourgogne, de l'empire de **Charles Quint** et des Pays-Bas espagnols. Entre les plaines de Flandre, bordées par la mer du Nord, les collines de l'Artois et les bocages du Hainaut et de l'Avesnois, les témoignages de cette multiplicité abondent. "La Champagne et la Flandre sont au Moyen Age les seuls pays qui puissent rivaliser pour l'histoire avec l'Italie. La Flandre a son Villoni dans Froissart, et dans Commynes son Machiavel", écrivait **Michelet**. On pourrait ajouter à ces noms ceux d'**Adam de la Halle**, né à Arras, d'**Antoine Watteau** et de **Jean-Baptiste Carpeaux**, tous deux valenciennois ou d'**Henri Matisse**, né au Cateau-Cambrésis. *Sous le soleil de Satan*, comme d'autres œuvres de **Georges Bernanos**, a l'Artois pour cadre, tandis que **Marguerite Yourcenar** évoque son enfance dans les *Archives du Nord*.

Le cœur des grandes villes comme Lille, Arras, Béthune ou Douai, continue de vivre à l'ombre d'un beffroi, autour d'une Grand-Place. Ces places bordées de maisons à pignons, aux façades ouvragées, superbes exemples du gothique flamand, datent pour la plupart de l'âge d'or des drapiers du Nord. Elles accueillent encore les traditionnelles kermesses qui ponctuent depuis des siècles la vie de la région, autour de mannequins géants symbolisant chacun une cité. D'autres traditions se perpétuent : on fabrique toujours à Calais une dentelle fine, et à Cambrai de savoureuses "bêtises". Les maisons de village sont généralement basses, faites de briques rouges ou ocres, parfois blanchies à la chaux. Si les mines sont aujourd'hui abandonnées, leur présence marque encore les paysages du Nord. Aux environs de Lens, les terrils, où la végétation renaît, dominent de longues rues bordées de corons.

Parfondeval

Les deux tours de brique rouge et l'arc signalant l'entrée de l'église évoquent le long passé belliqueux de la région. Ici, au nord de l'Aisne, entre l'Oise et la Sambre, nous sommes en Thiérache, dont le sol fertile excita souvent les convoitises.

Bergues, à quelques kilomètres de Dunkerque, se presse dans ses remparts médiévaux cernés de douves en eau qui furent renforcés par **Vauban**. Le beffroi, les canaux qui longent le village et le moulin du XVIIIᵉ siècle dressé un peu plus loin, à Pitgam, affichent clairement son caractère de cité flamande.

Un caractère que l'on retrouve à Cassel, plus au sud. Bâti sur une butte, le village a conservé autour de sa place pavée de beaux hôtels, dont celui qui abrita l'état-major du *maréchal Foch* en 1915. Vers Steenvoorde, plusieurs moulins, sur les dizaines que comptait autrefois ce pays de vent, ont résisté au temps.

La Côte d'Opale, portant les hautes falaises des caps Blanc-Nez et Gris-Nez, étire ses dunes de sable fin jusqu'à la Somme. Les stations de Wimereux, Hardelot ou Le Touquet abritent de belles villas, entre mer et forêt, et de longues plages qui attirent les amateurs de char à voile autant que les baigneurs.

Après le port d'Étaples, Montreuil surplombe la Canche. Les remparts qui l'enserrent et la citadelle, élevés au Moyen Age, ont été remaniés plusieurs fois, les troupes de **Charles Quint** les ayant pratiquement anéantis. On découvre la belle vallée voisine depuis la promenade des remparts et, dans le bourg, l'abbatiale Saint-Saulve, des ruelles pavées, les maisons aux volets colorés de teintes vives de la rue Clape-en-Bas. *Victor Hugo* choisit Montreuil pour réhabiliter Jean Valjean. C'est en Artois que le roi **Henri V d'Angleterre** remporta une victoire décisive pendant la guerre de Cent Ans, lorsque les luttes entre Bourguignons et Armagnacs aboutirent à l'écrasement des troupes françaises à Azincourt, en 1415. Un musée permet de suivre toutes les étapes de la bataille sur les lieux mêmes où elle se déroula.

"L'histoire de l'antique France semble entassée en Picardie. La royauté, sous Frédégonde et Charles le Chauve, résidait à Soissons, à Crépy, Verberie, Attigny. La république fut poussée par les mains picardes dans sa course effrénée, de Condorcet en Camille Desmoulins, de Desmoulins en Gracchus Babœuf. La plupart de nos grands artistes, Claude Lorrain, Poussin, Lesueur, Goujon, Mansart, Lenôtre, David, appartiennent aux provinces septentrionales" s'enthousiasmait *Michelet*.

Le Crotoy et Saint-Valery-sur-Somme encadrent une baie magnifique. Le domaine de Marquenterre, gagné sur les marais, abrite un vaste parc ornithologique, tandis que ses abords servent de pâture aux moutons de prés-salés. Entre Abbeville et Péronne, la vallée de la Somme, aux eaux paresseuses, est ponctuée d'étangs poissonneux et de marais. Aux abords d'Amiens, les marais ont été transformés en petites parcelles sillonnées de canaux, les hortillonnages, sur lesquelles on cultive primeurs, fruits et fleurs depuis le Moyen Age. La région, riche en souvenirs de l'histoire ancienne ou moderne – des épisodes décisifs des deux guerres mondiales s'y sont déroulés – l'est aussi en églises et en abbayes. La vaste cathédrale d'Amiens est un remarquable témoignage du gothique, comme la collégiale d'Abbeville, à la façade flamboyante superbement sculptée. Saint-Riquier, Corbie ou Bray-sur-Somme conservent également un beau patrimoine religieux. Dans la vallée de l'Authie, Lucheux est couronné par les vestiges d'un château dressant encore deux tours en poivrière.

Gerberoy

Ce délicieux village intelligemment restauré est connu pour la profusion de ses fleurs au printemps. Mais ce paysage hivernal, entre chien et loup, propose une vision plus authentique de Gerberoy, jadis ville close et théâtre de nombreux affrontements depuis Guillaume le Conquérant.

Saint-Quentin, la grande ville de l'Aisne, a vu naître **Quentin de La Tour**, le plus célèbre des pastellistes français. Il laissa des portraits étonnants de naturel de tous les grands noms de son époque (**Madame de Pompadour**, *d'Alembert*, **Voltaire**, **Rousseau**...). "Je descends au fond d'eux-mêmes à leur insu, je les emporte tout entiers" expliquait-il.

A l'est, entre l'Oise et la Sambre, s'étend la Thiérache, couverte de bocages et de pâturages. On y fabrique un fromage réputé, né il y a neuf cents ans du savoir-faire des moines de Maroilles. Sur cette terre qui vit passer maints envahisseurs, ce ne sont pas des châteaux mais des églises que l'on fortifia pour s'en protéger. Entre Guise et Parfondeval, de nombreux villages ont conservé ces solides monuments à tourelles, mâchicoulis et donjons, le plus souvent construits de briques. C'est le cas de Plomion, Jeantes, Renneval ou Dohis, qui abrite aussi de belles maisons anciennes à pans de bois et façades de torchis. A Parfondeval, l'église fortifiée et le village qui lui fait écrin arborent toutes les teintes chaudes de la brique, du rouge au brun.

Au sud de Soissons, Longpont conserve les vestiges d'une abbaye cistercienne du XIIᵉ siècle, remaniée au XVIIIᵉ siècle. On pénètre dans le village qui borde la forêt de Retz par une porte fortifiée surmontée de tourelles. Car cette abbaye prospère, convoitée par les Anglais, les Normands et les Bourguignons, dut se mettre à l'abri de fortifications. Au cœur de la même forêt, Villers-Cotterêts est célèbre au moins à deux titres. *François Iᵉʳ* y signa en 1569 une ordonnance qui remplaçait le latin, jusque-là employé dans les actes administratifs et judiciaires, par la langue française ; il jetait en même temps les fondements de l'état civil, confié aux prêtres jusqu'à la Révolution.

Villers-Cotterêts est aussi la ville natale d'*Alexandre Dumas*, qui y vécut jusqu'à vingt ans avant de commencer sa carrière littéraire à Paris. Un autre écrivain célèbre a vu le jour à quelques kilomètres. *Racine* naquit à la Ferté-Milon en 1639. La petite ville qui domine l'Ourcq fut fréquentée également par *Jean de La Fontaine* qui venait y rejoindre sa fiancée. Lui-même, né sur les bords de la Marne à Château-Thierry, y reviendra souvent tout au long de sa vie.

Proche de la Normandie, Gerberoy fut autrefois le théâtre des luttes entre Anglais, Normands et Français. Les remparts de ce joli village de l'Oise aux rues fleuries évoquent ces périodes tourmentées.

Reims et Épernay sont aujourd'hui les capitales du vin le plus réputé au monde, abritant les caves les plus prestigieuses. Le vin de Champagne était déjà apprécié depuis des siècles lorsqu'on découvrit à la fin du XVIIe le principe de la double fermentation, secret de cette mousse si particulière. *Dom Pérignon*, prieur de l'abbaye d'Hautvillers, dans la Montagne de Reims, fut longtemps crédité de cette invention ; si, à présent, on en doute, son nom reste indissociable de l'histoire du champagne. Ici encore, on retrouve les maisons à colombages qui illustrent une Renaissance florissante. Elles ornent les quartiers anciens des villes, comme Troyes, particulièrement préservée, mais aussi des villages tels Saint-Amand-sur-Fion, Puellemontier ou Chaource, berceau d'un fromage réputé. A l'est de Troyes, en Champagne humide, les pans de bois décorent également des églises, comme celles de Lentilles, élevée au XVIe siècle, et de Bailly-le-Franc, plus simple mais tout aussi belle. Les villages surgissent ici au milieu du bocage, cernés de prairies et de bois.

Plus au nord, les collines de l'Argonne évoquent les sombres journées de la Révolution : Varennes, où la famille royale fut arrêtée après avoir été reconnue au relais de Sainte-Menehould. L'Argonne vécut également des temps forts de la Première Guerre mondiale.

Au début du XIIe siècle, *Bernard de Fontaine*, futur *saint Bernard*, fonde une abbaye cistercienne qui connaîtra un rayonnement exceptionnel à Clairvaux, proche de Bar-sur-Aube, patrie de *Gaston Bachelard*. A quelques kilomètres, le village de Colombey-les-Deux-Églises est lié au souvenir du *général de Gaulle* qui s'y retira à la fin de sa vie dans sa propriété de La Boisserie. Langres, aux abords de la Bourgogne, vit naître *Denis Diderot* dans une famille de couteliers.

Au nord de Reims, les Ardennes furent de tout temps une terre de passage exposée aux invasions. Le château de Bouillon, les fortifications de Rocroi ou le château fort de Sedan en témoignent. Au fil des routes, les ombres de *Paul Verlaine* et d'*Arthur Rimbaud* se profilent souvent. *Verlaine* vécut à Juniville et à Coulommes, deux villages proches de Rethel, où il enseigna l'anglais, et de Roche, où *Rimbaud* écrivit *Une saison en enfer*. Charleville-Mézières, ville natale de *Rimbaud* où il est inhumé, est devenu un lieu de pèlerinage pour tous les admirateurs du poète "aux semelles de vent".

Avec ses rues pavées, ses vieilles halles, ses maisons portant parfois des colombages et son jardin en terrasse aménagé sur l'emplacement de la forteresse, Gerberoy compte parmi les plus beaux villages classés. En lisière de la forêt de Compiègne, Pierrefonds abrite, près d'un lac aux allures romantiques, un château fort entièrement reconstruit par *Viollet-le-Duc* pour *Napoléon III* qui en fit une résidence impériale.

"Il n'est pas de ville ou de bourgade en Champagne qui n'ait son originalité" écrivait *Hugo*. Sur le chemin qui menait les commerçants des Flandres à l'Italie, deux centres très actifs, la Champagne connut au Moyen Age une grande prospérité.

**Ville-Dommange
et Sacy**

La perspective de ces deux villages champenois constitue l'un des éléments traditionnels du paysage agricole français. Avec leurs coteaux verdoyants et leurs habitations soigneusement regroupées sous la silhouette familière d'un clocher autrefois rassembleur, la vie rurale semble pouvoir conserver sa pérennité.

Alsace
Lorraine

"Le Rhin le Rhin est ivre où se mirent les vignes" écrivait *Apollinaire* dans ses poésies rhénanes, évoquant encore la légende de sa belle Loreley, "sorcière blonde aux yeux pleins de pierreries". Le fleuve qui forme aujourd'hui la frontière naturelle entre l'Allemagne et la France a toujours nourri l'imagination des hommes des deux rives. *Hölderlin* et *Alexandre Dumas* ont chanté eux aussi sa beauté, comme *Erckmann* et *Chatrian* dans les *Contes des bords du Rhin* ou les *Romans nationaux*. Au début du XXᵉ siècle, les albums de *Hansi*, *Les Clochers dans les vignes* ou *L'Histoire d'Alsace racontée aux enfants*, exaltaient à leur tour cette terre longtemps convoitée par les deux pays riverains. De nombreux villages alsaciens ont sauvegardé le charme des siècles passés, dans un écrin de vignes opulentes, de bois et de vergers.

Strasbourg, métropole active où siège le Conseil de l'Europe, a conservé intact le quartier de la "Petite France", construit en bordure de canal et autrefois habité par les tanneurs. Son équivalent à Colmar a été baptisé la "Petite Venise" bien que, comme pour la plupart des maisons alsaciennes, les façades se parent ici de colombages aux dessins variés.

De Wissembourg au nord, à Mulhouse au sud, l'Alsace déroule une succession de paysages, entre la plaine du Rhin à l'est, les collines sous-vosgiennes à l'ouest, poursuivies par les fameux "ballons" autour de Guebwiller, et les hauteurs boisées du Sundgau au sud.

Les villages qui jalonnent la route des vins d'Alsace sont parmi les plus pittoresques. De Marlenheim à Thann, s'égrenant sur les départements du Bas-Rhin et du Haut-Rhin, ils ponctuent de leurs clochers des vignobles produisant des vins blancs réputés. Les maisons à colombages aux façades éclatantes de blancheur ou colorées de teintes douces, soigneusement entretenues, les rues et les balcons abondamment fleuris donnent à ces villages une allure pimpante, comme s'ils venaient d'éclore.

Hunawihr

En automne, la route des vins explose dans un chatoiement de couleurs où dominent les ors et les rouges des vignobles. L'Alsace ne produit pas moins de sept vins d'origine contrôlée, rouges et blancs confondus. On remarque dans ce village l'imposante église fortifiée où s'abritaient autrefois les habitants en cas de conflit. L'enceinte, étonnant hexagone, est antérieure de deux siècles à la construction de l'église : elle remonte au XIVᵉ siècle. L'importance égale accordée à l'architecture de l'église et de la mairie, toutes deux contemporaines, illustre les bonnes relations du clergé et de l'État en Alsace.

On y rencontre parfois des vestiges de fortifications, rappelant qu'au cours de son histoire la région fut revendiquée par les souverains français et germaniques mais aussi par le duché de Bourgogne. Près de la jolie ville d'Obernai, Bœrsch a conservé dans ses remparts une place pavée ornée d'un puits Renaissance ouvragé. A Mittelbergheim, de vieilles maisons se pressent autour de deux églises, l'une catholique, l'autre protestante. Autre cité close, Dambach-la-Ville s'étend au pied d'une colline. La place centrale entourée de façades à pans de bois et l'hôtel de ville, à pignons en gradins, en font un bel exemple de la Renaissance alsacienne.

Un peu au sud, à Bergheim, les tours rondes des fortifications élevées au XIVe siècle par les *Habsbourgs* protègent encore les belles maisons des viticulteurs. Après Ribeauvillé, où l'on perpétue la traditionnelle fête du vin, en septembre, le petit village d'Hunawihr abrite un centre d'élevage de cigognes. Puis, au cœur du vignoble où s'élabore le riesling, vient Riquewihr, dominé par le fin clocher de son église. La ville, fortifiée au XIIIe siècle, conserve une double enceinte. L'une des portes de l'enceinte intérieure, le Dolder, haute tour mêlant pierres et colombages qui abrite un musée d'histoire locale, est devenue son symbole. On y accède par la Grand-Rue, bordée par de belles maisons médiévales et Renaissance et percée de ruelles et de passages. Fontaines, anciennes enseignes d'artisans ou de vignerons, balcons de bois aux balustrades ouvragées et poutres de façades sculptées ponctuent les rues avoisinantes.

Dans la vallée de la Weiss, Kaysersberg, le "mont de l'Empereur" était dès l'époque romaine un point de passage stratégique entre Rhin et Gaule. Les ruines d'un château médiéval dominent la ville qui a gardé tout son cachet. Les vieilles maisons à colombages et à encorbellements, aux toits hauts et fortement inclinés, sont parfaitement conservées. C'est ici que naquit, en 1875, *Albert Schweitzer*.

D'abord pasteur de Strasbourg, il fit des études de médecine et fonda un hôpital à Lambaréné, au Gabon, pendant la Première Guerre mondiale, pour s'y installer définitivement quelque temps plus tard. Prix Nobel de la Paix en 1952, il laissa des écrits philosophiques et des études de musicologie.

Aux abords de Colmar, les jolies maisons de Niedermorschwihr et de Turckheim sont souvent, comme à Riquewihr et dans bien d'autres villages, flanquées d'oriels, balcons vitrés qui décorent les façades. Des oriels que l'on retrouve à Éguisheim, superbe village bâti en rond autour d'une ancienne forteresse et cerné par les ruines de la "route des cinq châteaux".

En dehors de ces hauts lieux viticoles, d'autres villages sont tout aussi séduisants, tels Hunspach, Zutzendorf, Lorentzen ou Buswiller, bâti de vastes fermes s'organisant autour d'une cour. Sewen s'élève près du ballon d'Alsace, de la vallée de la Doller et de ses lacs. Hirtzbach, dans la vallée de l'Ill, Grentzingen, aux maisons ocres ou, plus au sud, Ferrette, ancienne capitale du Sundgau, offrent les mêmes façades à colombages bordant des places et des rues très agréables. Les châteaux d'Alsace réservent des trésors et, souvent construits sur des hauteurs, comme ceux du Haut-Barr et du Haut-Kœnisbourg, offrent des panoramas magnifiques sur les alentours.

S'étendant entre le versant ouest des Vosges et la Champagne, en une succession de crêtes et de plaines, la Lorraine est parcourue par des rivières qui forment aussi ses départements : Meurthe, Moselle et Meuse. La Lorraine, comme l'Alsace, fut l'objet de maints affrontements au cours de son histoire. Verdun et bien d'autres lieux les commémorent. Bar-le-Duc fut pendant la Première Guerre mondiale le point de départ de la "Voie sacrée", qui permettait de ravitailler Verdun. La ville a conservé dans sa partie haute, autour de la place Saint-Pierre, de belles maisons anciennes, dominées par l'église Saint-Étienne. Metz fut le berceau de **Paul Verlaine**. Sa situation de carrefour, au confluent de la

Seille et de la Moselle, lui a valu d'être un centre d'échanges important dès l'époque gallo-romaine puis la capitale de l'Austrasie. La ville compta quantité d'églises dont restent, parmi d'autres, la cathédrale Saint-Étienne, aux vitraux magnifiques et Saint-Pierre-aux-Nonnains, remaniée plusieurs fois mais ses fondations remontent au IVe siècle. Les ducs de Lorraine choisirent pour capitale Nancy, en plein cœur de leurs terres, au XIIIe siècle. La ville se développa ensuite jusqu'aux sompteux aménagements qu'y fit **Stanislas Leszczynski** au XVIIIe siècle, dont la place fermée par les célèbres grilles de **Jean Lamour**. L'École de Nancy, sous l'impulsion de **Gallé**, fut un creuset de l'Art nouveau au début du XXe siècle, comme Lunéville avait été un haut lieu de la faïencerie. Épinal conserve, près de sa basilique, un ensemble de maisons de chanoinesses et une ancienne place bordée d'arcades. Son nom évoque la fabrique d'images créée par **Jean-Charles Pellerin** il y a deux cents ans; ces illustrations connurent un grand succès tout au long du XIXe siècle et enchantent encore par leurs dessins et leurs couleurs naïves.

Moins typiques par leur habitat que les villages alsaciens, les villages lorrains fourmillent de témoignages du passé. Hattonchâtel, dressé sur les Côtes de Meuse, fut fondé par un évêque de Verdun au IXe siècle. Juxtaposée à l'église, une tour de l'ancienne forteresse a échappé au démantèlement ordonné par **Richelieu**. L'église, flanquée d'un cloître, abrite une statue de la Vierge et des retables remarquables. Hattonchâtel accueille en août une fête de la mirabelle, le fruit roi de la région avec les myrtilles. Un peu au sud, Saint-Mihiel vit naître au début du XVIe siècle le sculpteur **Ligier Richier**, dont les œuvres émaillent la Lorraine. L'église Saint-Étienne de Mihiel abrite une superbe *Mise au tombeau* qui lui est due.

C'est à Vaucouleurs que **Jeanne d'Arc** obtint du gouverneur du roi quelques compagnons d'armes pour se lancer dans sa croisade contre les Anglais. Son village natal, Domrémy, conserve le souvenir de son épopée, notamment dans la basilique du Bois-Chenu, élevée à l'endroit où **Jeanne** aurait entendu l'appel divin.

Un peu à l'est s'élève une butte, entre Sion et Vaudémont, que **Maurice Barrès** baptisa la "Colline inspirée". Lieu de culte depuis l'époque celte, cette colline qui domine le plateau lorrain fut pendant les guerres franco-allemandes un symbole d'espoir et de rassemblement pour beaucoup de Lorrains.

Marville

Ce paisible village lorrain est situé dans une région essentiellement agricole. Il était autrefois la première ville du nord de la Meuse. Les Romains avaient d'ailleurs baptisé Major Villa cette agglomération située en haut d'un promontoire qui contrôle les vallées de l'Othair et du Gédon. Du XIIIe siècle à la seconde moitié du XVIIe siècle, Marville bénéficia d'un statut de ville libre qui attira les marchands prospères et la présence des régiments espagnols, à partir de 1560, n'entama pas ce statut privilégié. Au contraire, les Espagnols construisirent de très belles maisons Renaissance que l'on peut encore admirer aujourd'hui. Louis XIV reprit la région et fit abattre les murs d'enceinte de Marville. L'église Saint-Nicolas est un beau spécimen de l'art gothique du XIVe siècle, même si sa construction fut entamée au siècle précédent et enrichie à la Renaissance. Dominant Marville, le cimetière de la chapelle Saint-Hilaire est un véritable trésor d'art funéraire.

Près de Nancy, la basilique de Saint-Nicolas-de-Port a toujours eu un rayonnement particulier : elle renferme une relique du saint sans doute le plus cher au cœur des Lorrains et des enfants. *Saint Nicolas*, auquel on attribue la résurrection de trois enfants, se confond dans l'imaginaire des pays nordiques avec le Père Noël. Certaines villes lorraines organisent le 6 décembre des processions au cours desquelles l'effigie de *saint Nicolas* parcourt les rues. Saint-Nicolas abrite une autre curiosité, plus prosaïque : un musée de la brasserie.

En Moselle, près de la frontière luxembourgeoise, des villages médiévaux ont conservé une partie de leurs fortifications. Rodemack, la "Carcassonne lorraine" est encore toute ceinturée de murailles du XVᵉ siècle abritant des rues étroites. On y découvre, outre la forteresse, une jolie chapelle et des croix votives, simples calvaires ornant une place ou un carrefour. Sierck-les-Bains est une halte sur la Moselle pour tous les amateurs de navigation fluviale. Les vestiges de ses fortifications médiévales, les ruines du château, et des maisons aux façades du XVIIIᵉ siècle ont heureusement échappé aux destructions qu'elle subit durant la guerre.

Proche de la frontière allemande et du château de Falkenstein, Bitche s'étend au pied de sa citadelle de grès rouge. Cette région du parc naturel des Vosges du Nord est depuis le XVIᵉ siècle le berceau de cristalleries. Les maîtres verriers de Saint-Louis-lès-Bitche créent toujours des pièces dont la finesse est réputée, comme ceux de Baccarat, entre Lunéville et Saint-Dié.

Le département des Vosges perpétue une autre tradition, celle de la papeterie. Près d'Épinal, la papeterie d'Arches a cinq siècles d'existence. Elle appartint à *Beaumarchais* qui utilisa le papier d'Arches pour imprimer en Allemagne, à Kehl, face à Strasbourg, les œuvres complètes de *Voltaire* alors frappées d'interdiction en France. Les Vosges du sud, autour de Gérardmer, offrent dans un écrin de forêt de superbes paysages ponctués de lacs, de cascades et de torrents. Une eau omniprésente que l'on retrouve, plus au sud, dans les nombreuses stations thermales de la région. Vittel, Contrexéville ou Plombières évoquent l'atmosphère particulière de ces lieux de cure et de délassement. Bourbonne-les-Bains était déjà fréquenté des Romains, comme Plombières. Très prisés dès le Moyen Age, les thermes de Plombières connurent un essor considérable sous *Napoléon III*, qui aimait y séjourner.

Riquewihr

Riquewihr, lové au cœur du vignoble alsacien, est le pays du riesling, l'un des vins blancs les plus prestigieux. Maisons à colombages ou à balcons de bois ouvragés et fleuris, fontaines et enseignes à l'ancienne bordent sa rue principale. La tour du Dolder, l'un des lieux symboliques de la ville, faisait partie de l'enceinte élevée au XIIIᵉ siècle. Elle abrite aujourd'hui un musée d'histoire locale.

Normandie
Ile-de-France

"Paris, Rouen, Le Havre sont une même ville dont la Seine est la grand-rue (...). La Seine marche, et porte la pensée de la France, de Paris, vers la Normandie, vers l'océan, l'Angleterre et la lointaine Amérique", écrivait *Jules Michelet*. Les liens entre la Normandie et l'Ile-de-France ont une longue histoire, depuis le IIIᵉ siècle avant notre ère, lorsque la Seine était un passage obligé sur la route de l'étain que l'on allait chercher outre-Manche. A partir du IXᵉ siècle, c'est par la Seine également que les drakkars vikings pénètrent le pays jusqu'à Paris. Souvenirs plus heureux, les précurseurs de l'impressionnisme – notamment *Camille Corot* et *Eugène Boudin*, né à Honfleur – se sont employés à saisir la lumière de la côte normande et des rives verdoyantes du fleuve. *Pissarro, Sisley, Monet, Seurat, Signac, Van Dongen*... la liste des peintres qui les ont suivis est aussi riche que celle des motifs offerts à leur palette. Paysages de campagne, jeux de l'eau et du ciel, plages, bateaux ou canotiers : l'atmosphère de leurs tableaux évoque l'univers de *Maupassant*, qui a souvent dépeint dans ses nouvelles la Normandie et ses habitants, comme de nombreux autres artistes.

Les villes et les villages normands, profitant d'un terrain plat, se sont étirés en longueur dans les régions de vastes prairies ; dans des régions plus vallonnées, ils se sont essaimés dans le damier des bocages. Si l'on se représente les maisons normandes traditionnelles parées de colombages, ce qui est souvent le cas, elles ne le sont pas toutes. Le sol offrant un choix de matériaux différents, en bord de mer ou dans les terres (calcaire et galets des côtes, schiste, granit ou argile), les Normands ont utilisé tous ces éléments pour bâtir monuments et habitations, donnant à leurs constructions autant de variété qu'en ont les paysages. Le bois, abondant, a été également l'un des principaux composants, pour les murs des maisons, comme le chaume pour les toitures.

Barfleur

Pénétrer en Normandie par Barfleur, à la pointe orientale du Cotentin, c'est reprendre le chemin des envahisseurs normands. C'est aussi suivre l'épopée de Guillaume le Conquérant, puisque c'est dans ce port, jadis le plus important de la côte, qu'il partit à la conquête de l'Angleterre. Barfleur est aujourd'hui un petit port de pêche et de plaisance dont les maisons de granit, typiques du Cotentin, évoquent les solides traditions normandes.

Puis l'ardoise a remplacé le chaume, et la brique s'est substituée au bois, encore largement présent dans les colombages des façades.

Très touchée par la Seconde Guerre mondiale, la Normandie a malgré tout conservé ou restauré une grande partie des joyaux de son patrimoine architectural. Abbayes et forteresses, églises et manoirs, petits ports et villages pittoresques émaillent un paysage où mer et campagne, bocages et vastes champs se marient harmonieusement.

Au nord, la Haute-Normandie, dans le rayonnement de Rouen, est partagée par la Seine entre pays de
Caux et pays d'Auge. Au sud, la Basse-Normandie,
dans la mouvance de Caen, couvre la "Suisse normande" et la presqu'île du Cotentin. A la frontière picarde,
le pays de Bray, réputé pour ses fromages et son cidre,
tranche étonnamment par sa verdure avec son voisin, le
pays de Caux, terre de craie baignée par la Manche. Le
pays de Caux déroule ses falaises blanches, baptisées
Côte d'Albâtre, du Tréport jusqu'au Havre.

Tout au long, ports et stations balnéaires se succèdent : Dieppe, Varengeville, Veules-les-Roses... jusqu'à Etretat, aussi célèbre pour le spectacle saisissant
qu'elle propose que par les aventures du gentleman
Arsène Lupin, que *Maurice Leblanc* a situées dans la
fameuse "aiguille". Plus loin, Fécamp, où vécut
Maupassant, abrite un musée des terre-neuvas ; tandis que Le Havre, à l'embouchure de la Seine, cin-
quième port en Europe par son activité, est la patrie de
Bernardin de Saint-Pierre et de *Raymond Queneau*.

En remontant le fleuve, là où commencent ses méandres, Villequier a consacré un musée à **Victor Hugo**. C'est ici que sa fille **Léopoldine** et son mari se noyèrent quelques mois après leur mariage.

Deux des plus célèbres abbayes de France s'élèvent très près, dans le parc naturel de la forêt de Brotonne : Saint-Wandrille, abbaye bénédictine qui conserve les vestiges d'un cloître magnifique, et Jumièges, dont l'impressionnante nef a résisté au temps. Toutes deux, fondées au VIIᵉ siècle, furent des foyers de rayonnement importants au Moyen Age. Puis, sur une autre boucle de la Seine, vient Rouen, ville natale de **Corneille**, **Fontenelle** et **Flaubert**, que

Maupassant décrit dans les *Contes de la bécasse* : "Rouen, la ville aux églises, aux clochers gothiques, travaillés comme des bibelots d'ivoire ; en face, Saint-Sever, le faubourg aux manufactures, qui dresse ses mille cheminées fumantes sur le grand vis-à-vis des mille clochetons sacrés de la vieille cité". Ce mélange d'activité intense et de monuments remarquables est toujours présent dans la ville actuelle, qui conserve, autour de l'une des plus belles cathédrales gothiques, un quartier ancien superbement restauré. A l'est, dans la vaste forêt de Lyons, s'abrite un très beau village normand, autrefois résidence des rois d'Angleterre : Lyons-la-Forêt. *Maurice Ravel* aimait y séjourner.

C'est là qu'il a composé une partie de son œuvre. On peut y voir encore la maison de *Benserade*, le poète qui écrivit des livrets avec *Lully* pour la cour de *Louis XIV*. Toujours dans un méandre de la Seine, Les Andelys sont dominés par les ruines du Château-Gaillard, forteresse élevée par *Richard Cœur de Lion* au XIIᵉ siècle. Plus loin, près de Vernon, le village de Giverny, malgré sa petite taille, est mondialement connu pour la maison et les jardins de *Monet*, où l'on retrouve au printemps toutes les couleurs de sa palette. Le peintre choisit de s'installer dans cette maison rose et verte, enfouie dans les fleurs, aux confins de la Normandie et de l'Ile-de-France vers 1880. Il y mourut entouré des siens en 1926.

Au sud de la Seine, commence le pays d'Auge, rayonnant autour de Lisieux, sa capitale. C'est la Normandie des pâturages et des vergers, un pays de bocage où se conservent les secrets du cidre, du calvados, du livarot, du pont-l'évêque et du camembert. Grandes fermes et beaux manoirs s'égrènent autour des villes et des villages. Parmi les plus attachants et les plus pittoresques, comme Crèvecœur-en-Auge ou Saint-Germain-de-Livet, Beuvron-en-Auge est sans doute le plus réputé. Ses maisons à tuiles claires, du XVIIᵉ siècle pour les plus anciennes, se groupent autour de la place des halles. Leurs façades, ornées de colombages aux dessins variés, composent un ensemble plein de charme qui attire chaque week-end une foule de promeneurs et d'acheteurs en quête de produits régionaux ou d'antiquités. Le pays d'Auge possède aussi une abbaye célèbre, celle du Bec-Hellouin, fondée au XIᵉ siècle à proximité de la côte.

Cette "Côte Fleurie" est le domaine de stations balnéaires très fréquentées, des Parisiens notamment, depuis le Second Empire. Honfleur évoque les tableaux d'*Eugène Boudin* et des peintres de l'école de Barbizon, ou de peintres anglais qui traversèrent la Manche pour trouver l'inspiration. Puis viennent Trouville et son sable fin, Deauville, la plus mondaine, Houlgate et ses villas aux écrins de verdure, et enfin Cabourg, où tout rappelle que *Proust*, habitué de son Grand-Hôtel, la décrivit sous le nom de Balbec dans sa *Recherche du temps perdu*.

On entre en Basse-Normandie par le pays d'Ouche, domaine des bois et de l'élevage, autrefois animé par les forges. Les ferronniers de Conches-en-Ouche proposent encore leurs réalisations artisanales. Le Perche normand, lui, consacré au cheval depuis des décennies, est émaillé de grands manoirs souvent transformés en fermes.

Au sud de Caen, la "Suisse normande" se fait plus vallonnée, et l'Orne déroule ses méandres dans un paysage de bocage. L'abbaye aux Hommes et l'abbaye aux Dames, les deux merveilles de Caen, rappellent les amours de *Guillaume le Conquérant* et de son épouse, *Mathilde*. Pour admirer la célèbre tapisserie qui porte le nom de la reine *Mathilde*, on s'enfonce, en Bessin, dans la presqu'île du Cotentin, où les souvenirs du débarquement allié pendant la Seconde Guerre mondiale marquent les plages et l'arrière-pays autour de Sainte-Mère-l'Eglise et d'Arromanches.

Beuvron-en-Auge

Après les maisons à colombages d'Alsace, celles de Normandie. Ces similitudes d'architecture, à la même latitude, à l'ouest et à l'est de la France, témoignent de la prospérité d'une classe de notables et de marchands à la Renaissance.

Paysages et maisons se teintent ici d'une nuance qui évoque déjà la Bretagne, comme à Barfleur, petite station balnéaire aux maisons de granit, qui fut un lieu de prédilection du peintre **Signac**. Saint-Sauveur-le-Vicomte, au cœur de la presqu'île, vit naître **Barbey d'Aurevilly**, dandy et brillant pamphlétaire qui s'attacha à créer une école normande.

Le Cotentin, grand producteur de lait, de cidre et de poiré, est aussi le domaine des agneaux de préssalés élevés près de la baie du Mont Saint-Michel. Selon un adage longuement débattu, "le Couesnon, en sa folie, a mis le mont en Normandie". Breton ou normand, le Mont Saint-Michel marque en tout cas traditionnellement la frontière entre les deux régions.

L'Ile-de-France ne peut pas rivaliser avec la Normandie en ce qui concerne la préservation de ses villages. L'explosion démographique, l'extension de l'agglomération parisienne et l'implantation de complexes industriels leur ont laissé peu de place. Dans les environs de la capitale, les souvenirs liés à l'histoire du royaume sont plus nombreux que les témoignages de son ancienne vie rurale. Châteaux et parcs somptueux s'y trouvent à profusion (Versailles, Saint-Germain-en-Laye, Saint-Cloud, Vaux-le-Vicomte, Champs-sur-Marne...). Mais il faut s'éloigner de plus en plus pour découvrir les rues pittoresques d'un village. Le Vexin, la vallée de Chevreuse, le Val d'Oise, la Beauce et la Brie en conservent malgré tout, eux aussi imprégnés du souvenir des artistes qui les ont fréquentés, comme des paysans et des artisans qui les ont fait naître.

Le Vexin égrène entre les vallées de l'Epte, de la Viosne et de la Seine des villages aux solides maisons de pierre, entourés de vastes champs de céréales. Moussy, Guiry, Wy... cernant leurs belles églises, voisinent avec manoirs et petits châteaux tels ceux de Vétheuil, La Roche-Guyon, Vigny ou Villarceaux, encore habité par l'ombre de **Ninon de Lenclos**.

A Auvers-sur-Oise, c'est le souvenir de **Van Gogh** que font revivre les rues, l'église et les champs qu'il a peints. En 1890, **Van Gogh** s'installe à l'auberge du village, face à la mairie, et peint sans relâche les paysages et les personnages d'Auvers, jusqu'à son suicide quelques mois plus tard. Valmondois et Hérouville, deux villages proches d'Auvers, inspirèrent également les peintres comme **Cézanne** ou

Pissarro, qui avait recommandé **Van Gogh** au docteur **Gachet**, et s'installa à Pontoise quelque temps.

La vallée de Chevreuse offre elle aussi des sites pleins de charme. Dans un décor de bois et de vallons, les bords de l'Yvette, de la Bièvre et de l'Essonne se sont hérissés de demeures élégantes. Dans cette région où l'on cultive les céréales et le cresson, des villages vivent encore autour de leurs vieilles halles. Vers 1850, des peintres élirent domicile à Barbizon, bourg paisible d'agriculteurs, qui accéda dès lors à la célébrité.

Saint-Céneri-le-Gérei

Nous sommes au cœur des Alpes Mancelles et le beau clocher roman rappelle la très vieille vocation religieuse de ce site boisé. Les ermites ont toujours manifesté une prédilection pour les sites naturels les plus attrayants : aussi n'est-il pas étonnant qu'au VIIᵉ siècle un ermite ait, ici, arrêté sa course, avant d'être rejoint par d'autres moines. Ils élevèrent un monastère qui disparut lors des invasions normandes. A l'époque romane, une église fut reconstruite, celle dont nous apercevons le clocher.

Pages suivantes
Lyons-la-Forêt

Cerné d'une vaste forêt, Lyons s'est construit autour d'un château du XIIᵉ siècle. Seuls subsistent quelques vestiges des remparts de cette résidence du fils de Guillaume le Conquérant, le roi d'Angleterre Henri Iᵉʳ Beauclerc. Celui-ci enleva le trône à son frère aîné, Robert Courteheuse, s'emparant du même coup du duché normand. Les rues de Lyons, bordées de maisons à colombages, ont souvent accueilli Maurice Ravel qui aimait y séjourner et y composa une partie de son œuvre.

Théodore Rousseau, **Millet** et **Diaz** s'y installèrent. D'autres, comme **Corot**, **Daumier** ou **Daubigny** y
firent de fréquents séjours. Les artistes de Barbizon
n'ont pas créé de style spécifique, mais leur façon de
peindre la nature 'sur le motif" les a réunis sous l'ap-
pellation d'"école de Barbizon". Autour de l'ancienne
auberge du Père Ganne, qui accueillait les peintres de
passage, les ruelles sont aujourd'hui transformées en
village-musée. La région a inspiré les artistes. On trouve à quelques kilomètres la chapelle de Milly-la-Forêt,
décorée par *Jean Cocteau*, et Moret-sur-Loing, joliment
reflété par la rivière, où **Sisley** choisit de finir ses jours.
Au nord-est, la vallée du Grand-Morin sépare la Brie
française de la Brie champenoise. Ici, de grosses fermes
à cours carrées ponctuent les champs de céréales et les
prairies. C'est le domaine du fameux fromage, fabriqué
autour de Melun, Meaux et Coulommiers. Des villages
comme Vaudoy-en-Brie ou Voulton conservent des maisons rurales et des témoignages du passé (fontaines ou
vestiges de colombiers). Le château de Ferrières fut le
cadre d'une tentative d'armistice, en 1870, tandis que
celui de Guermantes inspira **Proust**.

Bretagne
Pays de la Loire

Le patrimoine breton mêle les vestiges immémoriaux des mégalithes, les traces omniprésentes de la culture celtique et maints témoignages d'une terre convoitée pendant des siècles. Les châteaux et les églises, comme les simples maisons de villages ont été pour la plupart modelés dans le granit et le schiste de la région, coiffés de l'ardoise de la Montagne Noire. Entre grands ports et forêts, entre villes universitaires et cultures maraîchères, la Bretagne regorge de bourgs encore emplis des légendes qui se mêlent intimement à son histoire.

Aux confins de l'Ille-et-Vilaine et du Morbihan, le premier charme de Paimpont est précisément la mythique forêt de Brocéliande qui lui sert d'écrin. Chaque nom de rue ou de lieu évoque ici l'épopée du roi *Arthur*, de *Merlin* et de la fée *Viviane*, le combat perpétuel des forces du bien et du mal. Le château de Trécesson, le chaos du Val sans Retour, les sources et les mégalithes sont peuplés de récits où dragons et vaillants chevaliers s'affrontent depuis le Moyen Age.

Cette ambiance médiévale se retrouve dans les quartiers anciens de Rennes, Fougères, Dinan ou Dol, groupés autour de leurs cathédrales. A Vitré, la vieille ville a elle aussi conservé de belles maisons à pans de bois le long de rues médiévales enserrées dans les anciens remparts, au pied du château coiffé de tours en poivrières. Très proche, le château des Rochers fut la propriété de *Madame de Sévigné*, qui y rédigea une correspondance détaillée sur les événements locaux et ses habitudes dans ses terres bretonnes. *Chateaubriand*, né à Saint-Malo, décrit dans ses *Mémoires* les années d'enfance passées à Combourg. Le château familial est aujourd'hui ouvert à la visite, tel que l'avait connu le poète.

Dans les Côtes-d'Armor, le cœur de Moncontour est un bel exemple de cité médiévale préservée, aux ruelles fleuries à l'abri des vestiges des remparts du XIe siècle, démantelés sur ordre de *Richelieu*.

Locronan

Les solides maisons de granit bordant la place du village témoignent de l'époque où le chanvre tissé ici fournissait en voilerie la Compagnie des Indes et les marines anglaise, espagnole ou hollandaise. L'église Saint-Ronan, du XVe siècle, domine la place de sa tour carrée, flanquée de la chapelle du Penity, du XVIe siècle. Cette chapelle renferme le gisant du saint patron de la ville, saint Ronan, qui y aurait introduit la culture du lin. Locronan est un lieu de pardon important, comme Sainte-Anne-la-Palud ou, plus loin, Sainte-Anne-d'Auray. Le culte de sainte Anne est très répandu en Bretagne, parfois confondu avec le souvenir d'Anne de Bretagne.

Sur la côte d'Émeraude, toute dentelée, ports, plages et falaises offrent des univers bien différents, dont le point commun est l'horizon d'une mer entre bleu et vert, jalonnée de chapelets d'îlots. A Saint-Malo, gorgé des souvenirs de son passé corsaire, succède Dinard, l'élégante station très britannique. Puis Saint-Briac, Saint-Jacut, Le Guildo, le cap Fréhel, Erquy... mènent à la côte du Trégor, d'où partaient jadis les pêcheurs d'Islande, les terre-neuvas. Près de Paimpol, on embarque à la pointe d'Arcouest pour l'île de Bréhat. Partagé entre les landes et les rochers au nord et le bourg au sud, Bréhat est un petit monde sans voitures et sans immeubles. Le long des ruelles du village, les maisons s'enfouissent sous les pins parasols et les figuiers, les hortensias et les mimosas au parfum méditerranéen. Bréhat est faite du granit rose qui a donné son nom à une somptueuse partie de la côte. Entre Perros-Guirrec et Trébeurden, la pierre façonnée par le vent et la mer prend des formes étranges. Dans les terres, de nombreux villages ont conservé des chapelles anciennes abritant des joyaux de l'art religieux. Celle de Kerfons renferme un jubé du XVe siècle magnifiquement sculpté. Près de Guingamp, l'église de Loc Envel, sous sa voûte en carène renversée, renferme des sablières polychromes et un décor très ouvragé. Comme souvent en Bretagne, la beauté de l'ensemble tient surtout au travail des matériaux, souvent du bois confié aux architectes et aux ébénistes de marine.

Les enclos paroissiaux sont l'un des grands trésors du patrimoine religieux et architectural de Bretagne. Saint-Thégonnec, Guimiliau, Plougastel... on en dénombrait près de soixante-dix, essentiellement dans le Finistère. Tous ont été construits entre le XVe et le XVIIe siècles, celui de La Martyre étant le plus ancien du Léon. Les enclos comportent toujours un cimetière entourant l'église, un ossuaire et un calvaire, le tout ceint d'un mur. Leur ampleur et la richesse de leur décoration surprennent, dans des villages qui sont souvent de petite dimension.

Au large de la côte des Abers, l'archipel d'Ouessant s'égrène en mer d'Iroise, redoutée par les navigateurs pour ses récifs et ses courants dangereux.

Le vent y est si violent que seuls poussent quelques arbustes, entre les prés quadrillés par des murets de pierre où paissent des moutons. Les maisons d'Ouessant, basses et construites dos au vent, arborent souvent des volets peints en bleu. On retrouve cette tradition sur l'île de Sein. Non loin de la rade de Brest, Le Faou tient son nom du mot breton signifiant "hêtre". Le bois transitait autrefois par ce port actif, aujourd'hui largement envasé. Les maisons à encorbellement du XVIe siècle se groupent autour d'une belle église à clocher ajouré.

L'un des plus pittoresques villages bretons est sans doute Locronan, qui fut le fief des tisserands de la Renaissance jusqu'au XIXe siècle. Le pays bigouden a gravé son histoire maritime dans la pierre : à Penmarch, poissons et bateaux décorent la façade des églises. La pointe de Penmarch porte l'un des phares les plus puissants de France. Aux alentours, les dentellières du pays bigouden perpétuent la tradition des hautes coiffes de dentelle, désormais réservées aux jours de fête.

Bordant une rivière encore jalonnée par quelques moulins, dominée par le Bois-d'Amour, Pont-Aven poursuit sa tradition de ville d'art, avec ses très nombreuses galeries de peinture. *Gauguin* vint y rejoindre vers 1886 une communauté d'artistes séduits par la beauté des lieux. Sa présence ne fit qu'augmenter le renom et le nombre des membres de l'"école de Pont-Aven", qu'un musée présente près de l'auberge qui les accueillait.

Face à Lorient, pleine des souvenirs de la grande aventure de la Compagnie des Indes, l'île de Groix déploie ses vallons, ses hautes falaises et ses criques sablonneuses. L'église de Groix est surmontée d'une girouette qui rappelle la vocation de l'île durant des générations : le coq habituel est remplacé par un thon. Beaucoup plus vaste, Belle-Ile la bien nommée émerge à quelques milles de la presqu'île de Quiberon. Le Palais, Sauzon ou, sur la "Côte sauvage", Port-Donnant et Port-Goulphar abritent les bateaux des plaisanciers. Les grottes creusées dans les falaises, "rouges comme du feu, brunes avec des lignes blanches" émerveillèrent *Flaubert*, tandis que les "aiguilles" de Port-Coton, rochers émaillant la mer, inspirèrent *Monet*. Les deux petites sœurs de Belle-Ile, Houat et Hoëdic, dressent de petites maisons blanches au détour de rues sinueuses.

Rochefort-en-Terre

Au sud des landes de Lanvaux, Rochefort-en-Terre couronne une butte, cerné par les vestiges de ses remparts. Le village conserve un château remanié plusieurs fois, de vieilles halles et quelques maisons Renaissance. Mais plus que des monuments, le charme vient ici d'un vieux puits, du modeste calvaire de l'église, d'une moisson de détails glanés au détour de ses rues fleuries.

Sein

Posée à fleur d'eau au large de la pointe du Raz, l'île de Sein est séparée du continent par l'une des passes les plus dangereuses de France. Selon la légende, le petit îlot aurait été dans un passé lointain le lieu de sépulture des druides. Son abord difficile, sa terre nue de toute végétation et les raz de marée qui l'ont plusieurs fois balayé expliquent peut-être cette réputation. L'érection du phare d'Ar Men qui signale, à l'ouest, la longue bande d'écueils de la chaussée de Sein nécessita à la fin du XIXe siècle une trentaine d'années de travaux, sans cesse interrompus par de violentes tempêtes. Cette vue du port n'a pourtant rien de tourmenté. Mais sous leurs toits d'ardoise les maisons de granit, souvent blanchies à la chaux, parfois colorées de teintes vives, se serrent autour de rues étroites pour lutter contre le vent toujours présent.

Avant-poste du pays nantais, la Grande Brière fut autrefois un golfe émaillé d'îles. Comblé par les alluvions de la Loire, ce golfe est devenu marais, patiemment asséché par les hommes, et les îles sont devenues villages. Si les canaux ne sont plus aujourd'hui le seul moyen d'y circuler, c'est en barque que la Brière se découvre dans tous ses charmes. L'île de Fedrun, centre administratif du parc de Brière, a conservé beaucoup de ses maisons à toit de chaume aux murs blanchis à la chaux, dans un lacis de canaux.

Nantes, aujourd'hui capitale des Pays de la Loire, fut pendant des siècles lié à l'histoire bretonne, accueillant en alternance avec Rennes la résidence des ducs de Bretagne. En pays de Retz, Pornic étage joliment ses maisons sur une colline qui domine la baie de Bourgneuf. Fermant la baie au sud, l'île de Noirmoutier, reliée au continent par un pont qui franchit un étroit goulet, est en territoire vendéen. Marais salants, pins et mimosas, plages et petits ports composent ses paysages.

Saint-Jean-de-Monts, Saint-Gilles-Croix-de-Vie et les Sables-d'Olonne présentent de longues plages de sable. Au large, l'île d'Yeu fut autrefois occupée par des Bretons auxquels elle doit certains noms de lieux commençant par "Ker". Port-Joinville, où le *maréchal Pétain* fut détenu à la fin de sa vie, a une longue tradition de port thonier. Le Grand-Phare, à l'ouest, offre un panorama sur la Côte sauvage aux schistes déchiquetés.

Un peu au nord de Fontenay-le-Comte apparaît l'église de Vouvant. Nous sommes déjà proches de l'Anjou, "une province qui semble avoir conservé de ses anciens maîtres des prédilections italiennes", disait *Flaubert*. Une province qui inspira à *du Bellay*, né au château de la Turmelière, près de Liré, les fameux vers :
"Plus que le marbre dur me plaît l'ardoise fine,
Plus mon petit Liré que le mont Palatin,
Et plus que l'air marin la douceur angevine."

L'Anjou respire la douceur de vivre, avec ses vignobles, ses vergers, ses jardins étagés sur une colline dominant un cours d'eau, parfois piquetés de cyprès au parfum méditerranéen. Angers presse sur les bords du Maine ses vieilles rues aux maisons Renaissance. Au sud, Saint-Florent-le-Vieil, dans les Mauges, ou Montjean-sur-Loire possèdent aussi de beaux quartiers anciens, accrochés à flanc de coteau en bordure du fleuve. Plus loin, Saumur est aussi réputée pour ses vins que pour son école d'équitation et de cavalerie. *Balzac* y situa *Eugénie Grandet*.

A Montreuil-Bellay, c'est un affluent de la Loire, le Thouet, que dominent la vieille ville et son château, autrefois possession des ancêtres du poète. Assez proche, l'abbaye de Fontevraud conserve les gisants des **Plantagenêts**, dont celui d'**Aliénor d'Aquitaine** venue finir ici son existence mouvementée. Fondée au XIe siècle, l'abbaye eut pour particularité d'avoir à sa tête une abbesse, dirigeant à la fois les communautés d'hommes et de femmes. Une sœur de **Madame de Montespan** en eut notamment la charge.

Entre Angers et Laval, la vallée de la Mayenne est ponctuée de villages, manoirs et châteaux perchés offrant de jolies vues, tels la Jaille-Yvon ou Daon. Château-Gontier fut fondé par **Foulques Nerra**, seigneur belliqueux qui tentait de se racheter en s'imposant de durs châtiments corporels et en couvrant la région de constructions. A Trappe-du-Port-du-Salut, le fameux fromage fut longtemps fabriqué par des moines.

Laval, hérissé de clochers et de tours, autour de son château médiéval, fut un centre de la chouannerie durant la Révolution. **Ambroise Paré**, chirurgien d'**Henri II** et de ses fils, naquit dans les environs. C'est aussi la patrie du **Douanier Rousseau** et d'**Alfred Jarry**, père d'Ubu, personnage qui inspira les pataphysiciens. Sur les rives boisées de l'Erve, aux confins de la Sarthe, Saulges possède des grottes habitées à l'époque préhistorique. Un peu au sud, Asnières, bordant la Vègre, s'étend autour d'un vieux moulin, d'un château du XVIIe siècle et d'une église renfermant de belles peintures murales. Sur la Sarthe, l'abbaye de Solesmes fut fondée au XIe siècle par **Geoffroy de Sablé**. Les pères bénédictins de Solesmes ont depuis quelques décennies joué un grand rôle dans le renouveau du chant grégorien. Parcé, Malicorne ou Noyen... égrenés le long de la Sarthe, quantité de villages paressant au fil de l'eau abritent des maisons anciennes, à découvrir au détour de rues ornées de vieux puits, d'églises aux sculptures émouvantes ou de tourelles agrémentant une façade.

Au-delà du Mans et de son vieux quartier, où vécut **Scarron**, Pont-de-Gennes occupe un site pittoresque sur les bords de l'Huisne. Saint-Calais, autour de son église à façade italienne, conserve de vieux lavoirs le long des quais de l'Anille. Avant de sillonner le Vendômois, le Loir lui aussi offre des rives vallonnées et verdoyantes, où s'abritent villages, manoirs, églises et châteaux pleins de charme.

Vouvant

Vouvant s'élève entre bocages et forêt sur la boucle d'une petite rivière, la Mère, dans un écrin de remparts. Sa belle église romane, ses ruelles bordées de maisons blanchies à la chaux et son site pittoresque lui ont valu d'être répertorié parmi les plus beaux villages de France. Vouvant devrait son château – dont il ne reste qu'une tour – aux sortilèges de Mélusine, dont on retrouvera les traces en Poitou. La fée aurait également construit en une nuit les châteaux de Tiffauges, qui évoque le troublant Gilles de Rais, et de Pouzauges, autre possession du seigneur vendéen.

Centre
Poitou-Charentes

Depuis la plaine beauceronne au nord, en passant par le Berry, ponctué d'étangs et de bois, jusqu'à la Touraine, pays de craie et de vigne, la région du Centre, qui abrite les somptueux châteaux de la Loire, conserve aussi des villages séduisants.

A Illiers-Combray, la maison de tante Léonie, chère à *Proust*, est aujourd'hui un musée consacré à l'écrivain. Sur le cours du Loir aussi, Cloyes inspira *Émile Zola* pour son roman *La Terre*.

En bordure du canal du Berry, le château de Mehun-sur-Yèvre fut la propriété de *Jean de Berry*, qui commanda aux frères *Limbourg* le manuscrit enluminé *Les Très Riches Heures du duc de Berry*. Au sud de Bourges, le château de Meillant a mieux résisté au temps, comme ceux d'Ainay-le-Vieil, au beau décor Renaissance et de Culan, à l'aspect plus défensif.

Les landes et les forêts de Sologne évoquent "le pays qu'on ne voit qu'en écartant les branches", celui du Grand Meaulnes d'*Alain-Fournier*, né à La Chapelle-d'Angillon, et du Raboliot de *Maurice Genevoix*, mi-bourguignon, mi-solognot. Un pays où les maisons anciennes sont faites de briques souvent disposées en épis ou de torchis comblant des colombages.

Au sud de Bourges, qui abrite le palais Jacques-Cœur, élevé par le grand argentier de *Charles VII*, se niche un minuscule village, Apremont-sur-Allier. Il fut entièrement restauré au début du siècle par *Eugène Schneider*, originaire du Creusot. Un château remodelé plusieurs fois et un parc floral ajoutent au charme de ses maisons aux pierres dorées.

Nohant abrita l'enfance de *George Sand* et fut toujours pour elle un refuge, où elle reçut *Chopin*, *Balzac* ou *Dumas*. On peut suivre à travers le Berry tous les lieux qu'elle décrivit dans ses romans : le château de Saint-Chartier, le moulin d'Angibaud, Neuvy-Saint-Sépulcre, La Châtre, où le musée de la Vallée noire lui est consacré. Un autre musée l'évoque dans la vallée de la Creuse, à Gargilesse-Dampierre.

Gargilesse dresse ses vieilles maisons bordées de murets fleuris le long des berges d'une rivière, dans un écrin de bois. Le calme et la simplicité de ce village séduisirent celle qui écrivait "J'aime mieux une ortie dans mon pays qu'un beau chêne dans tout autre". C'est à la villa Algira que *George Sand* fit de fréquents séjours durant les vingt dernières années de sa vie. Plusieurs de ses romans dépeignent ce lieu, tel *Les Beaux Messieurs de Bois-Doré*. Des peintres également vinrent y chercher l'inspiration, comme *Claude Monet* ou *Théodore Rousseau*.

Souvigny

En Sologne, nous approchons du centre de la France et cette vue de Souvigny semble une évocation heureuse et intemporelle du paysage rural français. Des habitations soignées de part et d'autre de la voie principale, l'ombre protectrice d'un clocher, une mairie coquette, un café où l'on s'appelle par son prénom : cette conception nostalgique peut prendre forme ici, mais il ne faut pas oublier que nous sommes dans une région privilégiée, la Sologne, fière de sa magnifique forêt giboyeuse, où l'ombre romantique du Grand Meaulnes plane avec élégance.

Très proche, Saint-Benoît-du-Sault fut le siège d'un prieuré bénédictin. Le village étagé en aplomb de la vallée du Portefeuille conserve des ruelles médiévales et une partie de ses remparts.

Aux abords de la Loire, la douceur berrichonne est encore accentuée par le fleuve aux eaux calmes : "Le vent est tiède sans volupté, le paysage léger, gracieux, mais d'une beauté qui caresse sans captiver, qui, en un mot, a plus de bon sens que de grandeur et plus d'esprit que de poésie : c'est la France", écrivait *Gustave Flaubert*.

Aux abords de Chinon, cerné de vignobles, Candes s'adosse à une falaise calcaire qui abrita les premiers habitants du site. Les anciennes maisons troglodytiques sont aujourd'hui devenues les hangars à bois ou les caves du village. Les maisons de Candes, comme les châteaux de la Loire, arborent des murs blancs, faits du tuffeau de la région. L'église romane s'élève à l'endroit où se serait éteint *saint Martin*, l'évangélisateur de la région. Situé au confluent de la Loire et de la Vienne, Candes fut autrefois un port actif. La rue du Bas conserve les demeures des mariniers.

Né près de Chinon, à la Devinière, *Rabelais* imagina l'abbaye de Thélème, paradis dont la devise est "Fais ce que voudras" sur les bords de la Loire. Et *Ronsard*, né au château de la Possonnière, célébra son Vendômois natal dans plusieurs poèmes.

Tout au long du Loir, bordé de rives verdoyantes ou de falaises blanches de tuffeau, des villages ont conservé ruelles médiévales et superbes vestiges. Ceux des puissantes tours du château de Lavardin dominent un village classé. A Montoire, la chapelle Saint-Gilles est ornée de fresques magnifiques, comme celles de Saint-Jacques-des-Guérets et d'Areines. D'autres villages, tels Troo ou Les Roches-l'Évêque, conservent des maisons troglodytiques creusées dans la pierre tendre des falaises.

"Donnant ses légistes au Nord, ses troubadours au Midi, le Poitou est lui-même comme sa Mélusine, assemblage de natures diverses, moitié femme et moitié serpent" écrivait *Michelet*. Entre l'océan et le cœur du pays, le Poitou et les Charentes mêlent églises romanes et villages où s'élaborent le cognac et les fromages de chèvre ; les ports, dans le sillage de La Rochelle, conservent leurs quartiers pittoresques où se dégustent les huîtres de Marennes.

Poitiers, la capitale, conserve de multiples témoignages de son passé. A quelques kilomètres du Futuroscope, symbole des techniques les plus avancées, la vieille ville accumule vestiges romains, ruelles médiévales et un nombre considérable d'églises, dont Notre-Dame-la-Grande, l'un des plus beaux exemples du style roman poitevin.

A Lusignan, sur les bords de la Vonne, un vaste jardin à la française abrite le château des seigneurs du même nom. S'il ne reste que peu de chose de leur demeure, leur légende hante encore les lieux. Les *Lusignan*, dont certains furent au Moyen Age rois de Chypre et de Jérusalem, seraient nés des amours d'un de leurs ancêtres avec la fée *Mélusine*. Aux confins du Berry et du Poitou, Angles se reflète dans les eaux de l'Anglin. La ville basse s'étale au-delà d'un vieux pont de pierre, vers le quartier Sainte-Croix, tandis que la ville haute, coiffée de tuiles et d'ardoises, escalade un coteau jusqu'au promontoire où veillent les ruines du château. Ce fut au XVᵉ siècle la patrie du cardinal *La Balue*, secrétaire d'État de *Louis XI*, qui aurait importé d'Italie les "fillettes", ces cages où le roi retenait ses prisonniers. *La Balue* les expérimenta.

Candes-Saint-Martin

Ce très beau et très ancien village est construit en tuffeau blanc, la pierre tendre de la région qui blanchit en vieillissant. Ici, l'on respire la douceur tourangelle, dans la campagne "ample et nourrie, riche à l'œil et bien portante" dont parlait Flaubert. Saint Martin serait mort, en 397, à l'emplacement de l'église romane que l'on aperçoit ici. Sa dépouille fut transportée à Tours. Ce voyage se déroulait en plein hiver, mais la légende veut que les arbres aient reverdi sur son passage. Le miracle engendra un pèlerinage important, suivi par une foule d'anonymes comme par les rois.

C'est aussi le berceau des "ajoureuses" d'Angles qui, brodant lingerie fine, nappes et napperons, fournirent autrefois la cour puis, plus tard, les grands paquebots. Un peu au nord, Descartes abrite un musée consacré à l'illustre philosophe. Clin d'œil du destin, la ville de celui qui vécut longtemps en Hollande s'appelait La Haye avant d'être rebaptisée en son honneur.

Dans la vallée de la Gartempe, Saint-Savin fut autrefois le siège d'une puissante abbaye. Il en reste l'église abbatiale, abritant de superbes peintures murales de l'époque romane. Très proche, Chauvigny conserve les vestiges de plusieurs châteaux, qui défendaient au Moyen Age cet éperon rocheux sur les bords de la Vienne. Civray s'étend de part et d'autre de la Charente, autour de l'église romane Saint-Nicolas, à la façade richement sculptée.

Au Moyen Age, on battait monnaie à Melle, grâce aux mines de plomb argentifère des bords de la Béronne. La ville a hérité de son passé de centre économique trois églises romanes.

En Saintonge, Aulnay abrite une église dont la façade et les chapiteaux intérieurs portent de belles sculptures. En plus des sujets religieux, on y remarque de nombreux animaux, dont un âne musicien, rappelant que le "baudet du Poitou", une race d'âne résistante, fit la prospérité de la région jusqu'au XIXᵉ siècle. Villebois-Lavalette, au sud de l'Angoumois, fut fortifié par les *Lusignan*. La forteresse fut remplacée par un château du XVIIᵉ siècle qui domine le village couvert de tuiles, aux belles maisons anciennes. Un peu au sud, à Aubeterre-sur-Dronne, de nombreuses maisons sont taillées dans la craie de la falaise voisine.

Des rues pavées et fleuries descendent jusqu'à la rivière et jusqu'à une église du XIIᵉ siècle d'un type rare : l'église monolithe Saint-Jean, creusée directement dans la roche.

"Angoulême est une vieille ville, bâtie au sommet d'une roche en pain de sucre... Personne n'ignore la célébrité des papeteries d'Angoulême" écrivait *Honoré de Balzac*. Autre tradition ancienne, le cognac est distillé en Charente depuis trois siècles. Les quais de Cognac, ville natale de *François Iᵉʳ*, sont bordés par les chais des plus grands producteurs. Saint-Sauvant, aux environs de Saintes, servait de halte aux pèlerins de Compostelle, comme Saint-Jean-d'Angély ou Aulnay. Perché sur un piton, le village a conservé son église fortifiée du XIIᵉ siècle et ses ruelles aux maisons basses.

On y sent déjà la douceur de la côte atlantique et des îles. En été, Saint-Sauvant se pare de roses trémières, comme Talmont, campé sur une presqu'île qui domine l'estuaire de la Gironde. Le joyau de Talmont, l'église Sainte-Radegonde, est consacré à la reine franque qui fonda une abbaye près de Poitiers. La beauté du site, les maisons blanches aux volets de couleurs vives, le charme du port en font l'un des villages les plus attachants de la côte. On retrouve les mêmes maisons un peu au nord, à Mornac-sur-Seudre, où les cabanes bariolées des ostréiculteurs bordant les chenaux, les ateliers d'artisans composent un village attrayant. Mornac vivait autrefois du sel, comme Brouage, le grand centre salin de la région au XVIIᵉ siècle. Les remparts élevés pour protéger la ville lors du siège de La Rochelle sont aujourd'hui une promenade, d'où l'on aperçoit les îles d'Aix et d'Oléron. Ile minuscule, Aix n'est accessible qu'en bateau. Tout rappelle ici que *Napoléon* passa dans cette île ses dernières heures de liberté avant de se rendre aux Anglais.

L'île d'Oléron, toute proche, accueillit *Aliénor d'Aquitaine* à la fin de sa vie, avant son installation à Fontevraud. Possession des ducs d'Aquitaine, convoitée par la France et l'Angleterre, Oléron fut ensuite dotée d'une citadelle par *Richelieu*. A Saint-Pierre-d'Oléron, on retrouve le souvenir d'un Rochefortais célèbre, *Pierre Loti*, qui s'y fit inhumer. Les pinèdes et les plages de l'île, la douceur de son climat réchauffé par le Gulf Stream en font un lieu de villégiature recherché. Séparée d'Oléron par le pertuis d'Antioche, l'île de Ré est comme elle reliée au continent par un pont gigantesque. "L'île blanche" fut aussi l'objet de rivalités entre la France et l'Angleterre et sa capitale, Saint-Martin, fortifiée par *Vauban*. Dans des paysages de marais salants et de parcs à huîtres, les ports de La Flotte-en-Ré et d'Ars conservent des ruelles pittoresques.

Au nord de La Rochelle, le Marais poitevin s'étend le long de la Sèvre Niortaise, entre Vendée et Deux-Sèvres. A l'ouest, le "marais desséché" est consacré aux cultures et aux pâturages. A l'est, le "marais mouillé", baptisé "Venise verte", est le domaine des canaux que l'on découvre à bord de yoles dans un écrin d'arbres, autour de Coulon, sa capitale. Les villages de maraîchins, tels Damvix ou La Garette, groupent leurs maisons sur des îlots, une barque amarrée devant chacune. A quelques kilomètres de Niort, on trouve ainsi un monde où la voiture n'existe pratiquement pas.

La Cotinière

La diversité de la France constitue l'une de ses richesses et, curieusement, dans cette région où la nature ne se livre à aucun excès de relief ou de climat, se côtoient la bonhomie de Souvigny, l'exceptionnelle richesse artistique de Candes et les deux visages de la Cotinière sur l'île d'Oléron. La Cotinière est, en effet, le premier port crevettier de France, mais c'est aussi, en été, le rendez-vous d'un tourisme d'accès facile.

Bourgogne Franche-Comté

La Bourgogne allie à l'opulence de ses vignobles des prairies où paissent les bœufs du Charolais, le secret des bocages et des forêts, des buttes calcaires et des vallées parcourues par de tranquilles rivières. "La France n'a pas d'élément plus liant, plus capable de réconcilier le Nord et le Midi", écrivait **Michelet**. Ici, en effet, la douceur du climat, la forme et la couleur des toitures, s'ornant parfois de tuiles et de génoises, annoncent déjà l'approche du sud. En Franche-Comté, climat et nature se font plus rudes. Les pentes sont plus abruptes, les gorges, comme celles du Doubs, plus profondes, la forêt plus épaisse. Pays de montagne, le Jura comprend un domaine skiable, des lacs et des eaux vives comme les sources du Lison, le saut du Doubs ou les cascades du Hérisson. Et en bonne région française, la Franche-Comté possède ses fromages : cancoillotte, vacherin, morbier, et sans doute le plus connu, le comté, élaboré depuis des siècles dans des coopératives appelées "fruitières".

L'histoire a lié ces deux provinces, si proches et si différentes, durant des siècles. Appelée comté de Bourgogne au IXe siècle, même après avoir marqué son indépendance en modifiant son nom, la Franche-Comté fut fréquemment unie aux États bourguignons, au gré des traités ou des mariages, jusqu'au XVe siècle. Toutes deux ont toujours été des terres convoitées et des régions d'échanges entre Méditerranée et Allemagne, Italie, Suisse et nord de la France.

Ces deux régions partagent également une longue tradition, celle de la vigne. Bien que les vignobles du Jura soient aujourd'hui beaucoup moins étendus que ceux de la "vineuse Bourgogne", leur réputation est aussi prestigieuse. Et, en Bourgogne comme en Franche-Comté, les sites et les villages préservés réservent des trésors tant pour les amateurs de nature que pour les amateurs d'art.

Vézelay

Lorsqu'au XIIe siècle un moine fixa l'itinéraire recommandé aux pèlerins en route vers Saint-Jacques-de-Compostelle, les étapes principales dans le sud de la France en étaient Le Puy, Arles et Vézelay. Couronnant un damier de champs, le village de Vézelay, sous ses toits de tuiles brunes, s'est construit autour de sa vaste basilique. Lorsque le futur saint Bernard vint prêcher la deuxième croisade au XIIe siècle, Vézelay devint l'un des hauts lieux de la chrétienté en Occident. La basilique Sainte-Madeleine était très endommagée lorsque Viollet-le-Duc entreprit sa restauration en 1840 : les travaux durèrent une vingtaine d'années. L'ampleur, la simplicité émouvante du bâtiment, chargé d'une longue histoire, et le charme des ruelles en pente qui y conduisent font de ce village du Morvan une halte à ne pas manquer.

Sous **Charles le Téméraire**, dernier duc de Bourgogne avant que **Louis XI** n'annexe le duché au domaine royal, la Bourgogne avait donc étendu ses possessions à la Franche-Comté mais également à une partie de la Flandre et de la Hollande. La puissance des ducs bourguignons et la richesse de leurs terres se lisent encore dans les paysages. Elles ont permis à l'art roman bourguignon de se déployer dans toute sa splendeur, et de s'étendre bien au-delà de son berceau. Ce rayonnement accompagnait celui de l'abbaye de Cluny, qui essaima partout en France et au-delà, en Espagne et en Italie du XIIe au XIVe siècle.

L'ampleur des bâtiments, la délicatesse des sculptures qui les ornaient, leur étonnante expressivité, créèrent un style clunisien qui marque les différents édifices élevés dans le sillage de l'abbaye mère. Parmi eux Paray-le-Monial, La Charité-sur-Loire ou Vézelay, merveilles du patrimoine religieux, en témoignent. Mais nombre d'églises aussi émouvantes, si elles sont moins connues, parsèment la Nièvre, l'Yonne, la Côte-d'Or et la Saône-et-Loire. Celles de Charlieu, de Chapaize, d'Anzy-le-Duc ou, à proximité, de Semur-en-Brionnais, un village de pierres ocres cerné de vignes, constituent de remarquables exemples de l'art roman.

"La Bourgogne est le pays des orateurs", écrivait encore *Michelet*. Parmi eux figure *saint Bernard*, né près de Dijon. Moine de Cîteaux, autre foyer important de l'histoire de la foi, il fut le premier abbé de Clairvaux avant de devenir un guide spirituel écouté des papes et des rois.

Lorsqu'il prêcha la deuxième croisade en présence du roi *Louis VII* à Vézelay, en 1146, l'abbaye existait déjà depuis près de trois siècles ; mais c'est alors qu'elle prit tout son essor. Abbaye et village couronnent une colline cernée de bois et de champs. Pour atteindre la basilique Sainte-Madeleine, on emprunte

Blanot

Proche de Cluny, Blanot a conservé l'un des nombreux prieurés nés dans la mouvance de la grande abbaye médiévale. Ses vieilles maisons ont gardé le charme des villages anciens du Mâconnais, entourés de vallons portant des vignobles ou des pâturages. A proximité, il faut visiter les grottes préhistoriques dont le circuit mène jusqu'au mont Saint-Romain, d'où l'on a une superbe vue sur la région, le château de Berzé et Brancion, vieux village bâti entre deux ravins au site pittoresque.

des rues escarpées, bordées d'anciennes maisons de vignerons et de belles demeures aux portes sculptées. On aperçoit souvent au bas des façades des fenêtres éclairant de grandes salles souterraines, où l'on accueillait jadis la foule des pèlerins. Ces pèlerins d'autrefois ont laissé la place aux fidèles venus se recueillir dans un lieu encore empreint de spiritualité mais aussi aux amateurs de vieilles pierres. Les ruelles de Vézelay, ponctuées de puits, de petits jardins, de quelques tourelles, semblent sereines malgré l'affluence des visiteurs au printemps ou en été.

Un autre orateur célèbre, **Bossuet**, est né à Dijon, ancienne capitale du duché. Montbard, près de

l'abbaye cistercienne de Fontenay, est la patrie de deux naturalistes : **Daubenton** et **Buffon**. Celui-ci fit aménager un parc dans la ville et, à quelques kilomètres, une forge où il se livrait à ses expériences.

En Mâconnais, on peut suivre le souvenir de **Lamartine**. Mâcon, sa ville natale, lui a consacré un musée. A Milly, on visite la maison de son enfance, qui lui inspira des vers attendris :

"Là mon cœur en tout lieu se retrouve lui-même !
Tout s'y souvient de moi, tout m'y connaît, tout m'aime!"
Le château de Saint-Point, autre minuscule village où il aimait séjourner, a conservé intact le décor que le poète retrouvait entre deux voyages.

A cette liste incomplète, il faudrait ajouter Chablis, plus au nord, et les vignobles du Mâconnais, autour de Pouilly, de Fuissé et de Chasselas. Près de ces lieux qui respirent le "bon vivre", la roche de Solutré, curieux promontoire dominant le damier des vignes, s'élève à cinq cents mètres d'altitude. Le panorama qu'elle offre au regard est aussi vertigineux que son histoire. Un musée, installé à son pied, permet de découvrir des vestiges archéologiques : ce fut un territoire de chasse fréquenté depuis les temps préhistoriques.

Mailly-le-Château, Arcy-sur-Cure, Seignelay, Noyers-sur-Serein ou Flavigny-sur-Ozerain... On ne peut citer tous les villages de charme des terres bourguignonnes. Noyers, bordé par une rivière au patronyme apaisant, dévoile un remarquable ensemble de maisons anciennes. Colombages et sculptures sur bois ornent des ruelles qui s'entrelacent autour des places du Marché-au-Blé ou de la Petite-Étape-aux-Vins. Flavigny, comme Noyers, a conservé une partie de ses remparts. Autour de son ancienne abbaye, les façades médiévales et Renaissance se parent d'escaliers en colimaçon, de gargouilles et de linteaux sculptés. Les anciennes maisons de vignerons, bâties sur de vastes caves, ont été reconverties en fermes depuis la disparition de la vigne aux environs.

La Franche-Comté s'étend en une longue bande qui longe la frontière suisse jusqu'au Rhône. Elle couvre le territoire de Belfort, le Doubs, le Jura et la Haute-Saône. A Belfort, aux confins des Vosges et du Jura, une dépression naturelle, la "trouée", a servi maintes fois de passages à des envahisseurs ; le célèbre lion sculpté par *Bartholdi* symbolise sa résistance pendant la guerre de 1870. Besançon, capitale de l'ancienne Comté, a une longue tradition de ville horlogère. On y fabriqua des montres dès le XVIIe siècle, en plus des fameuses horloges comtoises. C'est la patrie de *Charles Fourier*, créateur des phalanstères, et des frères *Lumière*, précurseurs du cinéma. *Claude Nicolas Ledoux*, après avoir imaginé la "ville idéale" des salines d'Arc-et-Senans, construisit à Besançon le premier théâtre où tous les spectateurs pouvaient s'asseoir. *Pasteur*, né à Dole, passa son enfance à Arbois et y revint régulièrement jusqu'à la fin de sa vie. Quant à Saint-Claude, siège d'une importante abbaye au Moyen Age, c'est depuis la fin du XVIIIe siècle la capitale française de la pipe.

Sans épuiser la liste des Bourguignons célèbres et amoureux de leur terre natale, on ne peut oublier *Colette*, née en Puisaye, à Saint-Sauveur, ou plus récemment *Maurice Genevoix* et *Henri Vincenot*. Trois noms qui évoquent l'amour des mots mais aussi celui des nourritures terrestres. Rien de plus naturel en Bourgogne, où le nom des villes et des villages fait à un seul rêver les œnophiles débutants ou chevronnés. Les grands crus des côtes de Nuits et des côtes de Beaune se déploient entre Gevrey-Chambertin, Vougeot, Vosne-Romanée, Nuits-Saint-Georges, Aloxe-Corton, Beaune, Pommard... Autant de patronymes mythiques.

Lods

Lods, bâti à flanc de coteau dans la vallée de la Loue, riche en villages de charme, fut longtemps voué à la culture du Poulsard, l'un des plus fameux cépages jurassiens. Les vignes et les vignerons de Lods ont disparu, mais ses rues escarpées ont conservé leurs vieilles maisons aux façades couvertes de verdure sous des toits de tuiles plates. A quelques kilomètres, le séduisant village d'Ornans a consacré un musée au plus célèbre de ses enfants, Gustave Courbet.

Pages suivantes

Baume-les-Messieurs

Au cœur du Jura, Baume-les-Messieurs s'inscrit dans la verdure d'une plaine, au pied d'une haute falaise. Le village est né d'une abbaye fondée au VIe siècle par un moine irlandais, saint Colomban, qui parcourut la Bourgogne avant de poursuivre son œuvre fondatrice au-delà des Alpes. Ce sont des religieux de Baume-les-Moines qui fondèrent l'abbaye de Cluny en 910. Reconstruite entre le XIIe et le XVIe siècles par une riche confrérie bénédictine, l'abbaye de Baume fut rebaptisée Baume-les-Messieurs. Les bâtiments furent transformés en maisons d'habitation sous la Révolution et le cloître démoli. Mais l'église et d'anciennes cellules remaniées évoquent ce qu'était le décor des bénédictins.

Un peu plus au sud, touchant presque la frontière suisse, Ferney fut pendant une vingtaine d'années le refuge de **Voltaire** qui, en "patriarche", développa la petite ville où il reçut de nombreuses visites et écrivit inlassablement. La ville s'appelle aujourd'hui Ferney-Voltaire.

La présence de la vigne dans le Jura remonterait au moins à cinq mille ans ; c'est en tout cas l'un des plus anciens vignobles de France, cité par **Pline le Jeune** dès le Ier siècle. **Philippe le Bel** introduisit à la cour ses vins, plus tard fort appréciés par de fins connaisseurs comme **François Ier**, **Henri IV** et **Rabelais**, qui en loua les saveurs. Aujourd'hui, le vignoble ne couvre plus qu'une bande de terres étroite, entre Arbois, Château-Chalon, L'Étoile et Saint-Amour. Mais le vin jaune et le vin de paille, qui nécessitent des années d'élaboration, ou les vins rouges d'Arbois n'en ont que plus de prix aux yeux des amateurs. La plupart des villages francs-comtois ont donc longtemps vécu au rythme des vendanges. Parmi eux, quelques-uns des plus beaux se situent aux abords de l'Ognon, de la Loue ou du Lison. Les vignes disparues ont été remplacées par des jardins et des plantations de cerisiers qui leur font au printemps un écrin plein de charme.

Au nord de la forêt de Chaux, Pesmes fut une place forte défendant l'ouest de la Comté ; elle a conservé quelques vestiges de son enceinte. Ses ruelles fleuries, aux façades ornées de fenêtres à meneaux, se déploient autour d'une église d'origine romane, sur un plateau qui domine l'Ognon.

Lods s'élève à flanc de coteau, près de la source de la Loue, petit affluent du Doubs au cours sinueux. Les vignes et les vignerons de Lods ont disparu mais leurs solides maisons aux caves voûtées bordent encore les rues escarpées. Ce village paisible, aux façades couvertes de verdure sous des toits de tuiles plates, aux rues fleuries et ponctuées de fontaines autour d'une église à fin clocher, abrite d'ailleurs un musée de la vigne et du vin. Un pittoresque pont de pierre enjambe la rivière qui fait les délices des amateurs de pêche à la truite. La Loue, ses méandres, ses chutes d'eau et sa vallée verdoyante ont souvent inspiré les peintres, et parmi eux l'un des plus grands noms de la peinture réaliste : **Gustave Courbet**, né à Ornans dans une famille de vignerons. L'artiste dessina et peignit inlassablement sa terre natale, où il revint fréquemment jusqu'à son exil en Suisse après les déboires que lui valut sa participation à la Commune.

Dans *L'Enterrement à Ornans*, **Courbet** représentait cinquante personnages de la ville ; mais les paysages et les hommes de sa région figurent dans bien d'autres œuvres, tels *Le Château d'Ornans*, *La Source de la Loue* ou *Les Cribleuses de blé*. Un musée consacré à son œuvre occupe sa maison natale. A Ornans, plusieurs ponts traversent la Loue. Les beaux hôtels renaissants ou classiques, les petits jardins, les maisons, parfois bâties sur pilotis et s'ouvrant sur l'eau par une véranda, composent une oasis aux allures presque vénitiennes en plein cœur des forêts jurassiennes.

Depuis les bords de la Loue, Mouthier-Haute-Pierre escalade les flancs d'une colline, dans un site particulièrement séduisant. Quelques bâtiments d'un ancien prieuré de bénédictins ont été restaurés et transformés en habitations. Nozeroy, entre les sapins centenaires de la forêt de la Joux et la source de l'Ain, fut le fief d'une grande famille comtoise, les **Chalon**. Leur château, aujourd'hui en ruines, fut le théâtre de fêtes somptueuses et accueillit des hôtes illustres, comme **Charles le Téméraire**.

Près de Château-Chalon, au pied d'une falaise calcaire de plus de deux cents mètres de haut, Baume-les-Messieurs s'abrite dans la verdure d'une plaine, en bordure de la Seille. Comme Baume-les-Dames, plus au nord, le lieu tiendrait son nom d'un mot celte signifiant grotte. Sous le cirque de Baume s'ouvrent, en effet, des grottes dont les salles tapissées de belles concrétions atteignent parfois quatre-vingts mètres de hauteur. Le minuscule village, serré autour de son clocher, est né d'une abbaye fondée au VIe siècle par un moine venu d'Irlande, **saint Colomban**. Quelques siècles plus tard, ce sont douze religieux de Baume-les-Moines qui allèrent fonder l'abbaye de Cluny. Reconstruite à partir du XIIe siècle par une riche confrérie bénédictine, l'abbaye originelle des humbles moines de Baume fut rebaptisée Baume-les-Messieurs. L'église abbatiale conserve la sépulture de **Jean de Watteville**, abbé de Baume au XVIIe siècle. Les frasques de ce soldat devenu moine sont dignes d'un roman de cape et d'épée. Contraint de fuir la France après un duel, il se serait réfugié à Constantinople puis, devenu gouverneur de Morée, aurait obtenu le titre d'abbé de Baume grâce à une sombre machination. Légende ou réalité, cette histoire révèle l'importance qu'avait alors l'abbaye.

Auvergne Limousin

Seule région volcanique de France, l'Auvergne est née de deux bouleversements géologiques. Aux volcans anciens, aux formes arrondies par l'érosion, se sont ajoutés des à-pic coupés de plaines, façonnés par la suite, lors de la formation des Alpes et des Pyrénées.

Au sud de Clermont-Ferrand, la chaîne des Puys peut atteindre plus de mille mètres d'altitude. C'est le domaine des skieurs, comme à Super-Besse, le domaine des chalets et des hameaux de montagne vivant traditionnellement de l'élevage et des produits laitiers.

Au nord, le relief s'abaisse doucement jusqu'à l'Allier. C'est une région de cultures riches et de vigne, autour de Saint-Pourçain. Le saint-pourçain, à la fois vin et fromage, rappelle la longue liste des produits du terroir auvergnat : saint-nectaire, fourme d'Ambert, cantal, bleu d'Auvergne, murol... D'autres noms évoquent des activités artisanales implantées depuis des siècles dans la région, comme Thiers la coutellerie ou la région du Velay la dentelle. La nature volcanique du sol a également doté l'Auvergne d'innombrables sources dont les eaux ont des propriétés thérapeutiques diverses selon les roches qu'elles traversent avant de surgir. Les stations thermales abondent dans cette région : Vichy, Châtelguyon, Le Mont-Dore, La Bourboule... Chaudes-Aigues, comme son nom l'indique, possédant les eaux les plus chaudes.

En parcourant l'Allier, le Puy-de-Dôme, le Cantal et la Haute-Loire, on rencontre en alternance des bourgs ouverts, tel Condat, ou des villages fortifiés, tel Auzon, le plus souvent perchés sur une hauteur. Beaucoup se caractérisent par la pierre sombre de leurs façades, car les volcans qui ont modelé l'Auvergne ont également donné à ses bâtisseurs un matériau inconnu partout ailleurs en France : la lave. Salers, développé autour du château des comtes de Salers, dut s'entourer de remparts pour se défendre des Anglais et des grandes compagnies qui, désœuvrées à la fin de la guerre de Cent Ans, dévastaient cruellement les campagnes.

Turenne

Au sud de Brive-la-Gaillarde, Turenne étage ses toits d'ardoise sous les imposants vestiges du château des La Tour d'Auvergne. Cette famille évoque deux figures marquantes de l'histoire huguenote : le duc de Bouillon sous Henri IV, et son fils, le grand Turenne, qui se rapprocha de Louis XIV après avoir participé à la Fronde. Autrefois siège d'une vicomté, Turenne a conservé la maison du Grenier à Sel, qui abritait les états généraux, et de nombreux bâtiments des XVe et XVIe siècles, souvent flanqués de tourelles.

Une partie de ces défenses élevées au XVe siècle subsiste encore. Les élégants hôtels qui bordent la Grand-Place, ornés de tourelles, de fenêtres à meneaux et de portes ouvragées, datent de la Renaissance, lorsque la haute bourgeoisie investit le lieu, devenu bailliage des Hautes-Montagnes d'Auvergne, au XVIe siècle.

Près de la fontaine centrale, une statue de **Tyssandier-d'Escous** rappelle qu'en améliorant la race des vaches à robe rouge, au XIXᵉ siècle, celui-ci contribua à la réputation et à la fortune de la ville. L'église à porche roman abrite de magnifiques tapisseries d'Aubusson, capitale limousine de cet art depuis le XVᵉ siècle.

Dans ce «pays froid sous un ciel déjà méridional, où l'on gèle sur les laves» dont parle **Michelet**, construit à 950 mètres d'altitude, la neige recouvre souvent les pâturages alentour en hiver. Usson, construit lui aussi sur une butte, à l'est d'Issoire, affiche la même couleur noire du basalte, mais ses toits sont couverts de tuiles.

Ce fut l'une des forteresses de la Basse-Auvergne, dont le château passait pour être imprenable. On peut d'ailleurs lire sur l'une des portes de la ville : "Garde le traître et la dent" (Ne crains que le traître et la famine). Le quartier bas abrite d'anciennes maisons de vignerons car Usson vécut longtemps du vin, avant de se tourner vers l'élevage et la culture. Les rues étroites montent jusqu'à une église romane, puis vers les vestiges du château, qui fut rasé sur ordre de **Richelieu** au début du XVIIe siècle. Il avait accueilli **Marguerite de Valois**, la turbulente reine **Margot** qui, éloignée de la cour par son frère **Henri III**, y fut retenue une vingtaine d'années. Un emprisonnement qui laissa cependant l'incorrigible **Margot** donner des fêtes mémorables.

L'Auvergne est riche en témoignages romans, comme l'église Saint-Austremoine d'Issoire, l'une des plus vastes et des plus remarquables, ou plus modestes, comme les églises de Saint-Menoux, de Saint-Saturnin ou d'Arlempdes. L'église d'Ébreuil, sur les bords de la Sioule, renferme de précieuses fresques médiévales. Celle d'Orcival, dans le massif des Monts-Dore, fut fondée par les moines de La Chaise-Dieu, important centre spirituel du Moyen Age. Son rayonnement s'explique en partie par le fait que l'un de ses moines devint pape sous le nom de *Clément VI*. A Souvigny, roman et gothique se sont mêlés dans l'église Saint-Pierre-et-Saint-Paul. Ce fut le premier prieuré créé par l'abbaye de Cluny, au Xe siècle, sur des terres que lui avait cédées un ancêtre des Bourbons, *Aymard*, lieutenant du duc d'Aquitaine. La cathédrale de style gothique flamboyant de Moulins, capitale du Bourbonnais, abrite dans ses murs un joyau de la peinture du XVe siècle, un triptyque attribué au "maître de Moulins".

La cathédrale d'inspiration orientale du Puy-en-Velay renferme quelques chefs-d'œuvre de l'art religieux. Mais la chapelle Saint-Michel-d'Aiguilhe, plantée sur un piton de lave en retrait de la ville est sans doute l'image la plus étonnante de la région. Une autre aiguille de lave, le rocher Corneille, proche, porte une gigantesque statue de Notre-Dame-de-France, coulée en fonte sous *Napoléon III*. La capitale auvergnate, Clermont-Ferrand, est dominée par les flèches d'une cathédrale gothique, dont la pierre noire est éclairée par de magnifiques vitraux à dominantes rouge et bleue. En revanche, la basilique Notre-Dame-du-Port constitue l'un des plus beaux exemples de l'art roman en Auvergne. Sa crypte abrite une Vierge noire qui fait l'objet d'un culte depuis des siècles. Parmi les Clermontois illustres figure *Blaise Pascal*, tandis que *Teilhard de Chardin* a vu le jour à quelques kilomètres, au château de Sarcenat.

Les châteaux d'Auvergne sont aussi variés que ses paysages. Le village de Murol, entre le Mont-Dore et Saint-Nectaire, est dominé par les vestiges d'un château fort aujourd'hui animé par des reconstitutions historiques. Médiéval également, le château de Chouvigny surplombe des gorges superbes. Ce fut la demeure des *La Fayette*, dont le célèbre général, né au château de Chavaniac-Lafayette. Lapalisse, domaine du maréchal resté lié dans la tradition aux lapalissades, fut reconstruit à la Renaissance par des architectes florentins.

Châteldon, à l'orée de la Montagne bourbonnaise, à l'est de Vichy, conserve d'autres maisons de vignerons, à balcons de bois, bien que la vigne ait disparu, et de belles demeures médiévales. Un peu au nord, à Châtel-Montagne, on peut encore admirer une émouvante église romane, tandis que le prieuré de bénédictins installé au XIIe siècle a disparu.

Salers

Salers fait partie des villages de Haute-Auvergne bâtis en roche volcanique et couronnés de lauzes. Développé autour du château comtal, Salers mêle une certaine austérité de style – les habitations sont conçues pour résister à des hivers rigoureux – et tous les ornements de la Renaissance : tourelles, toits en poivrière et fenêtres à meneaux. La cité, prospère dès le Moyen Age, est réputée pour une race bovine à laquelle elle a donné son nom, comme pour le fameux cantal produit dans la région.

Pages suivantes
Collonges-la-Rouge

Collonges dresse ses façades de grès rouge dans un écrin de vignes, de noyers et de châtaigniers. Les castels et les hôtels Renaissance qu'elle abrite furent les demeures des fonctionnaires de la vicomté de Turenne aux XVe et XVIe siècles. Le charmant village eut un rôle défensif pendant les guerres de Religion, qui transparaît dans la puissante tour carrée de son église.

Les hautes tours en poivrière du château de Val, proche de Bort-les-Orgues, s'élèvent sur un îlot entouré d'un lac. Sa silhouette intacte et le charme du site ont inspiré des cinéastes qui en ont fait le décor de films de cape et d'épée. Du XVᵉ siècle aussi, le château d'Anjony, aux pierres de basalte rouge, domine la vallée de la Doire. Le château d'Effiat fut bâti au XVIIᵉ siècle par le père de *Cinq-Mars*, proche de *Louis XIII* qui fut exécuté pour avoir comploté contre *Richelieu*. L'épisode est retracé dans les salles de ce beau château classique. Celui de Parentignat, près d'Issoire, cerné d'un parc à l'anglaise, date du début du XVIIIᵉ siècle.

On ne peut quitter l'Auvergne sans évoquer *Henri Pourrat*, auteur de *Gaspard des montagnes*, né à Ambert. Il y eut pour ami *Alexandre Vialatte*, traducteur de *Kafka*, écrivain et chroniqueur. Originaire du Limousin, *Vialatte* passa une grande partie de sa vie à Ambert et célébra l'Auvergne dans de nombreux écrits. Ambert, d'ailleurs, figure en bonne place dans l'œuvre de *Jules Romains*, *Les Copains*.

Entre Gartempe et Vienne, Dordogne et Vézère, le Limousin du nord est un pays de bocages, humide, aux vallées profondes. Aux abords des Charentes, à l'ouest, il se couvre de prairies d'élevage, tandis qu'au sud, vers le Périgord, on trouve déjà, sous un climat adouci, noyers, champs de maïs, truffières et élevages d'oies. En bordure de l'Auvergne, à l'est, le plateau des Millevaches est un pays de landes et de sources.

Le Limousin a pour emblème une feuille de châtaignier. Jusqu'à la fin du XIXᵉ siècle d'immenses châtaigneraies fournissaient à sa population la base de l'alimentation et tous les produits tirés du bois, notamment la fabrication de tonneaux. Dès la fin du Moyen Age, lorsqu'il fallut réparer les ravages de la guerre de Cent Ans et que les villes prirent un nouvel essor, la Creuse fournit à la France entière une main-d'œuvre importante dans les métiers du bâtiment. L'activité étant réduite en Limousin, ses maçons se dispersèrent dans tous les grands centres urbains. Aux alentours de Limoges, à Saint-Yrieix-la-Perche, on découvrit au milieu du XVIIIᵉ siècle des gisements de kaolin. Cette matière première donna le jour à la grande tradition de la région : le travail de la porcelaine. De grandes fabriques s'installèrent bientôt dans la capitale limousine, et la porcelaine prit le relais des émaux qu'on y confectionnait depuis le Moyen Age. Né à Limoges, *Renoir* débuta là comme peintre sur porcelaine.

Le Limousin est jalonné de forteresses contant la longue rivalité des ducs d'Aquitaine et des rois de France. La route Richard-Cœur-de-Lion permet de découvrir les témoignages de ces époques belliqueuses.

A la limite de la Haute-Vienne, la forteresse de Rochechouart abri e aujourd'hui un musée d'Art contemporain. Ses bâtiments mêlent harmonieusement différents styles, du XIIIᵉ au XVIIIᵉ siècle.

Coussac-Bonneval dresse ses tours en poivrière autour d'une cour d'inspiration italienne. Il fut habité au XVIIIᵉ siècle par un téméraire seigneur de Bonneval, qui finit ses jours à Constantinople avec le titre de pacha.

Un peu au sud, Ségur-le-Château fut le berceau des vicomtes de Limoges. Ses ruines dominent un village aux rues sinueuses, bordées de maisons à tourelles, à fenêtres à meneaux et façades ouvragées. Le château de Montbrun, fidèle à sa réputation de citadelle imprenable, résista à l'assaut de **Richard Cœur de Lion**. Son donjon carré, la partie la plus ancienne, flanqué de quatre tours rondes, se reflète dans un miroir d'eau. Tout près, s'élève le château de Châlus. Situé aux confins du Poitou et de la Haute-Vienne, Châlus avait une importance stratégique capitale. C'est en tentant de s'en emparer que **Richard**, fils d'**Aliénor d'Aquitaine**, fut blessé mortellement en 1199.

Au cœur de la Corrèze, Ventadour conserve les ruines d'une autre forteresse médiévale importante. Le donjon du XIIIe siècle a résisté au temps ; il couronne un piton rocheux dans un site spectaculaire. Ce fut l'un des lieux âprement disputés durant la guerre de Cent Ans, mais le nom évoque surtout le troubadour du XIIe siècle, **Bernard de Ventadour**. Ce chantre de l'amour courtois dut s'exiler pour échapper aux foudres de châtelains contrariés par son succès auprès des femmes.

La région de Limoges abrite aussi quelques hauts lieux fréquentés autrefois par les pèlerins cheminant vers Compostelle. Le plus souvent, on venait s'y recueillir dans un monastère fondé par un saint quelques siècles plus tôt. C'était le cas à Solignac, créé au VIIe siècle par *saint Éloi*, le trésorier de **Dagobert**. Saint-Léonard-de-Noblat conserve une belle église romane, érigée sur l'emplacement du monastère de *saint Léonard*, populaire patron des prisonniers. A Saint-Germain-les-Belles, on éleva un hôpital destiné exclusivement aux pèlerins au XIVe siècle ; l'église fortifiée date de la même époque. Plusieurs des plus beaux villages de France inscrits au patrimoine émaillent le Limousin, tels Treignac, Saint-Robert, Curemonte ou Collonges-la-Rouge. Treignac, bordant la Vézère, escalade une butte au milieu de sous-bois. Un peu au sud, Saint-Robert abrite une abbatiale romane, vestige d'un prieuré bénédictin. Curemonte, aux confins de la Corrèze et du Lot, aujourd'hui presque inhabité, conserve un étonnant ensemble de châteaux et d'églises, témoignant de son importance économique dans les siècles passés. A quelques kilomètres de Collonges-la-Rouge, le village de Turenne couronne une butte d'où l'on découvre les vallonnements verdoyants du Massif Central et la vallée de la Dordogne.

Lavoûte-Chilhac

Le village s'étire dans les gorges de l'Allier, dans les plaines fertiles des Limagnes. Lavoûte abrite une abbaye de bénédictines. Un peu au nord, Brioude possède la plus vaste église romane d'Auvergne, et aussi l'une des plus belles, qui fut au Moyen Age un grand centre de pèlerinage.

Les ruines d'un château coiffent le village aux demeures médiévales de calcaire blanc, la place du Foirail et la maison du Grenier à Sel. Le château appartenait à la famille **La Tour d'Auvergne**, dont les deux plus illustres représentants furent le **duc de Bouillon**, l'un des chefs du parti protestant sous **Henri IV**, et son fils.

Henri de La Tour d'Auvergne, après la Fronde, se rangea aux côtés de *Louis XIV* dont il devint l'un des plus fidèles maréchaux. D'autres villages, s'ils ne sont pas classés, n'en ont pas moins de charme, comme Moutier-d'Ahun, construit autour d'une unique rue, dans un décor de collines occupées par la Creuse.

Un peu au nord, Guéret fut la patrie de *Marcel Jouhandeau*, qui en fit un portrait acide sous le nom de Chaminadour. A Bellac, au contraire, un monument honore l'enfant du pays, *Jean Giraudoux*. L'écrivain diplomate évoqua sa patrie avec plus de tendresse dans *Suzanne et le Pacifique*.

Rhône-Alpes

De la Loire à l'Ardèche, la région Rhône-Alpes glisse, après les sommets alpins, vers des paysages méditerranéens. "Le Rhône est le symbole de la contrée, son fétiche, comme le Nil est celui de l'Égypte" écrivait *Michelet*. Et c'est sur ses rives, là où il rejoint la Saône, que s'est installée la métropole lyonnaise. Capitale de la Gaule romaine, Lyon bénéficia dès cette époque de sa position de carrefour naturel, au croisement de cinq grandes voies romaines. La colline de la Croix-Rousse portait la ville gauloise, tandis que sur l'autre rive de la Saône, s'élevaient le forum, le théâtre et le capitole romains, sur les pentes de Fourvière. Évangélisé très tôt, Lyon se couvre au Moyen Age d'églises et d'abbayes sous l'impulsion de son archevêché. La Renaissance est une période de plein essor, illustrée notamment par les sonnets de la "Belle Cordière", *Louise Labé*, et de *Maurice Scève*, considéré comme un précurseur des poètes de la Pléiade. C'est d'ailleurs à Lyon que *Rabelais* publie *Pantagruel* et *Gargantua*.

Le travail de la soie ajoute encore au développement de la cité commerçante. "Dans les terribles bouleversements des premiers siècles du Moyen Age, cette grande ville ecclésiastique ouvrit son sein à une foule de fugitifs. Cette population n'avait ni champs ni terres, rien que ses bras et son Rhône ; elle fut industrielle et commerçante" écrivait encore *Michelet*. Les traboules de la Croix-Rousse étaient alors le domaine des tisserands. Cette imbrication de cours et de passages résonnant du bruit des métiers fut le point de départ de la révolte des canuts en 1831, lorsque les nouveaux métiers imaginés par *Jacquard* rendirent leur situation précaire. C'est aujourd'hui l'un des endroits les plus pittoresques de la vieille ville, comme le quartier Saint-Jean, la place des Terreaux et la place Bellecour. Lyon fut aussi le berceau du cinéma à la fin du XIXᵉ siècle, avant que les *frères Lumière* ne présentent leur invention à Paris.

Les gorges de la Loire forment une longue plaine bordée à l'ouest par les monts de la Madeleine et du Forez, à l'est par ceux du Beaujolais et du Lyonnais, au sud par le mont Pilat.

Saint-Julien

Au cœur du Beaujolais, le clocher de Saint-Julien domine un paysage de vignobles, source du "troisième fleuve de la région": le vin. Le physiologiste Claude Bernard y vit le jour au début du XIXᵉ siècle. Sa demeure abrite aujourd'hui un musée consacré à ses recherches.

Sa capitale, Saint-Étienne, s'est d'abord développée grâce au bassin houiller qui l'entoure, en se spécialisant dans la fabrication d'armes blanches. En 1885, la création de la Manufacture française d'armes et de cycles de Saint-Étienne, diffusant par le biais du fameux catalogue "Manufrance" toute la gamme des produits manufacturés, devint le moteur économique de la ville, jusqu'à sa disparition un siècle plus tard. La ville compte aujourd'hui l'un des plus intéressants musées d'art moderne en France. Roanne s'est davantage orienté vers l'industrie textile. Son port sur la Loire exportait déjà ses propres productions vers le nord par le canal de Briare, quand un aménagement du fleuve lui permit d'exporter aussi celles de Saint-Étienne au XVIIIe siècle.

Le village d'Ambierle se niche sur la Côte roannaise, dans des vignobles produisant un vin rosé, à proximité de Saint-Haon-le-Châtel qui conserve quelques belles maisons Renaissance. Plus au sud, Saint-Maurice-sur-Loire s'étage sur les bords du fleuve, sous les ruines d'un château médiéval. Saint-Bonnet-le-Château, au sud du Forez, compte parmi ses activités une spécialité peu répandue : celle des jeux de boules. Jadis fortifiée, la ville s'organise autour d'une collégiale de style gothique, flanquée de vieilles maisons. Le tracé des remparts offre un beau panorama sur les environs. A Sainte-Croix-en-Jarez, entre Saint-Étienne et Vienne, les bâtiments d'une chartreuse, vendus à la Révolution, abritent aujourd'hui un village miniature. Dans l'enceinte rectangulaire à l'allure de forteresse, deux cours reliées par un passage sont bordées d'habitations et de petits jardins.

Le Rhône a donné son nom au département voisin, qui s'étend au nord-ouest de Lyon. S'étirant le long de la Saône, le Beaujolais fut planté de vignes dès l'époque romaine. Parmi les villages connus de tous les œnologues (Juliénas, Fleurie, Brouilly...), Vaux-en-Beaujolais aurait servi de modèle à **Gabriel Chevallier**, d'origine lyonnaise, pour son savoureux *Clochemerle*. Ponctuant les vignes à flanc de coteau, les maisons beaujolaises coiffées de toits de tuiles romaines dressent leur pierre légèrement grise au nord, tandis qu'au sud le "pays des pierres dorées" est bâti dans un calcaire ocre. Certains villages ont conservé des vestiges de fortifications, comme Charnay ou Ternand.

Pérouges

Peu de cités ont su préserver leur cachet avec autant de bonheur. La place de la Halle au cœur du village, la rue des Rondes, qui suit le tracé circulaire des remparts, ou la rue des Princes, qui abrite la maison des Princes de Savoie, offrent de superbes témoignages du Moyen Age et de la Renaissance. Certaines maisons ont conservé au rez-de-chaussée les éventaires de pierre où les commerçants et les artisans d'autrefois proposaient leurs marchandises. Les façades de galets, ornées de colombages ou d'encorbellements, et les ruelles pavées de Pérouges ont souvent servi de décor à des films historiques. L'illustre grammairien Vaugelas y vit le jour en 1585.

Hauteluce

Le village se presse autour de l'un des plus beaux clochers à bulbe du Beaufortain. Au nord-est d'Albertville, Hauteluce bénéficie des pistes des Saisies, une station largement consacrée au ski de fond créée à 1 600 mètres d'altitude.

On pénètre encore à Oingt par la porte de Nizy. Les maisons du village, élevées sur de vastes caves, bordent des ruelles parfois réservées aux piétons. L'une d'entre elles, la Maison commune, date du XVᵉ siècle. L'église fut autrefois la chapelle d'un château dont il ne reste que des ruines. Depuis Oingt, la vue porte sur les monts de Tarare, où le village de Chamelet se love dans la vallée de l'Azergues sous la flèche de son beau clocher aux tuiles vernissées. Les rues, parfois coupées d'escaliers, abritent aussi des halles du XVIᵉ siècle et un donjon du XVᵉ siècle. Entre la Saône et l'Ain, la Dombes égrène ses bois et ses étangs. *François Iᵉʳ* en fit une principauté qui ne revint à la couronne de France qu'en 1762. Son ancienne capitale, Trévoux, construite sur une boucle de la Saône, garde les traces de son prestigieux passé. Près du palais du Parlement, du XVIIᵉ siècle, s'élèvent des hôtels dont l'un porte le nom de la *Grande Mademoiselle*, duchesse de Montpensier et cousine de *Louis XIV*. Plus au nord, Châtillon-sur-Chalaronne, dont les belles maisons fleuries bordent une rivière paisible, eut pour curé *saint Vincent-de-Paul*.

Les cinéastes ont souvent choisi Pérouges pour évoquer les siècles passés. *Les Trois mousquetaires* ou *Monsieur Vincent*, parmi beaucoup d'autres films, ont pour décor ses rues pavées et tortueuses, remarquablement préservées. Lové en rond sur une colline, entre Dombes et Bresse, Pérouges aurait été fondé par une colonie venue d'Italie, avant même l'occupation romaine. La ville subit les assauts des souverains du Dauphiné et la convoitise des princes de Savoie. Au XVIIᵉ siècle, devenue française, Pérouges se défit de ses fortifications. Seule la rue des Rondes, qui les longeait, en rappelle aujourd'hui l'existence, ainsi que deux portes d'accès. Beaucoup des maisons de Pérouges datent des XVᵉ et XVIᵉ siècles, époque où le travail du chanvre faisait la prospérité de ses habitants. Certaines ont pourtant été abandonnées ou détruites au XIXᵉ siècle, lorsque l'apparition du tissage industriel fit diminuer le nombre des tisserands. Au début du XXᵉ siècle, la constitution du Comité du Vieux Pérouges, dont faisait partie *Édouard Herriot*, alors maire de Lyon, permit heureusement de faire classer le site.

68

La Bresse, aussi réputée pour ses fromages que pour la qualité de ses volailles, conserve des fermes très particulières. Coiffées de toits à quatre pans, elles sont surmontées par de hautes cheminées sarrasines, en forme de clocheton. Ces cheminées alimentaient des foyers qui ne s'adossaient pas à une paroi mais s'ouvraient sous un manteau de protection au centre d'une pièce, entourées d'une sorte de fossé où la famille se groupait pour se réchauffer. Les villages de Saint-Triviers-de-Courtes, Grandval ou Vernoux en possèdent de beaux exemples.

En Haute-Savoie, du Chalais au Faucigny, les Préalpes, coupées de vallées profondes, offrent des paysages d'une beauté étonnante, abritant notamment le plus haut point des Alpes, le Mont Blanc. La région fut habitée dès la Préhistoire, comme le vieil Annecy, sur les bords du lac, ancienne capitale du comté de Genevoix. La cathédrale Saint-Pierre vit officier *saint François de Sales* et le jeune *Jean-Jacques Rousseau* fuyant Genève, à l'âge de seize ans, rencontra *Madame de Varens* à Annecy avant de s'installer dans

sa propriété de Chambéry. Dans *La Nouvelle Héloïse*, *Rousseau* décrira la beauté des pays de montagnes : "L'horizon présente aux yeux plus d'objets qu'il semble n'en pouvoir contenir : enfin, ce spectacle a je ne sais quoi de magique, de surnaturel, qui ravit l'esprit et les sens ; on oublie tout, on ne sait plus où l'on est". Comme Thonon-les-Bains et Évian, importantes stations climatiques, Yvoire s'élève au bord du lac Léman. Village fortifié, Yvoire fut un port de bateliers avant d'être un haut lieu touristique. La douceur du climat, les rues, les places et les balcons fleuris en font un havre de charme. Abondance, domaine du ski et de la randonnée, abrita l'un des premiers prieurés de la région dès les premières années du XIIe siècle, devenu par la suite une abbaye. Le cloître a conservé de magnifiques fresques. Châtel, au milieu des alpages, est cerné de hauts sommets, comme Samoëns, joli village dominé par une collégiale du XVIe siècle. Les maisons de Sixt-Fer-à-Cheval éparpillent leurs toitures d'ardoises autour d'un torrent descendu des glaciers, sous une haute falaise boisée.

Hauteluce

Paradis des skieurs sous son manteau de neige, Hauteluce devient en été celui des randonneurs. Et celui des amateurs de fromages savoyards, tels la tome ou le beaufort.

A proximité de Chamonix et de la mer de Glace, Argentière se presse autour d'une église surmontée d'un clocher à bulbe, typique de ces régions alpines. A Thônes, proche d'Annecy, une place à arcades bordée de vieilles maisons et ornée d'une jolie fontaine se niche au cœur de la ville. Plus au sud, Talloires surplombe le lac d'Annecy dans un cadre magnifique que les bénédictins avaient choisi il y a mille ans pour y construire une abbaye.

La Savoie produit le fameux fromage de Beaufort mais aussi le reblochon et la tome de Savoie. Beaufort-sur-Doron abrite les vestiges de deux châteaux et une belle église baroque. Hauteluce possède l'un des plus beaux clochers du Beaufortain. Conflans, près d'Albertville, au confluent de l'Isère et de l'Arly, conserve du rôle de pôle commercial qu'elle joua au XVIIᵉ et XVIIIᵉ siècles de belles maisons et une remarquable église baroque. Le village perché, qui s'est étendu ensuite dans la plaine, a gardé le cachet de ses façades colorées, ponctuant des rues et des places ornées de fontaines ouvragées et fleuries. A proximité de la frontière italienne, Bonneval-sur-Arc s'élève en bordure du parc national de la Vanoise, comme Bessans, qui abrite de superbes sanctuaires baroques et Aussois, dominant la vallée de l'Arc.

Sur un méandre de l'Isère, Grenoble s'étend entre les massifs du Vercors et de la Chartreuse et la chaîne de Belledonne. *Fantin-Latour* et *Stendhal* y virent le jour. Ce dernier évoque sa jeunesse grenobloise dans *La Vie d'Henri Brulard*. Vieille ville universitaire, Grenoble accueille également un centre d'échanges internationaux, l'Europole. Un téléphérique relie le cœur de la ville au fort de la Bastille, couronnant un promontoire que l'on peut atteindre à pied par le jardin des Dauphins, escaladant ses flancs abrupts. Les maisons aux façades colorées alignées le long des quais de l'Isère, la jolie place Grenette et des rues piétonnes bordées d'immeubles anciens, de larges avenues laissant apparaître les sommets environnants forment un ensemble plein de charme. Si les villes ne peuvent être bâties à la campagne, Grenoble est bel et bien une ville construite dans l'écrin des montagnes.

Au nord, le fort du Saint-Eynard offre sur la région un panorama où se dessinent les cimes du Mont Blanc. Plus loin, le couvent de la Grande Chartreuse veille depuis le XIᵉ siècle, niché dans la forêt. Ce fut le premier monastère fondé par *saint Bruno*.

Montbrun-les-Bains

A l'extrême sud de la Drôme, presque provençales, les maisons trapues de Montbrun se dressent à proximité des flancs calcaires du mont Ventoux dans un havre de verdure. Le village accueille une foire à la lavande en automne. Il était déjà fréquenté par les Romains qui venaient y prendre les eaux pour soigner rhumatismes et maladies des bronches.

Le nom désignera aussi l'ordre religieux créé dans ces lieux isolés. Au XVIIIᵉ siècle, les moines de la Grande Chartreuse élaborèrent un élixir à usage médical, toujours fabriqué par les chartreux, à Voiron, mais consommé aujourd'hui pour le plaisir. Plus de cent plantes et résines entreraient dans la composition de ce breuvage, dont le secret n'a jamais franchi les portes des distilleries. Le massif du Vercors, au sud, évoque l'un des grands maquis de la Résistance pendant la

Seconde Guerre mondiale. Ce massif calcaire entaillé
par des gorges vertigineuses, truffé de grottes et couvert
d'une épaisse forêt, ne fut longtemps fréquenté que par
des bergers. Il est désormais connu par tous les amateurs de nature et de sites préservés. Villard-de-Lans,
station d'été et d'hiver réputée, s'élève près des gorges
de la Bourne, torrent qui sillonne des paysages aux à-
pic impressionnants jusqu'à Pont-en-Royans. Ce joli
village bâti sur le roc fournissait autrefois la bure

nécessaire à l'habillement des chartreux. A l'est de
Grenoble, le massif de l'Oisans abrite trois sommets
avoisinant 4 000 mètres : les Écrins, le Pelvoux et la
Meije. C'est le domaine des stations de sports d'hiver
par excellence, telles Chamrousse, Les Deux-Alpes et
L'Alpe-d'Huez. La Grave groupe ses maisons au pied
des pics et des glaciers de la Meije. Quelques maisons
à colombages ornent ce village où *Balzac* aurait jadis
trouvé l'inspiration pour son *Médecin de campagne*.

Après ces hauts sommets, la Drôme paraît bien méditerranéenne. Au nord de Valence, à Hauterives, s'élève le curieux Palais idéal conçu à la fin du XIXe siècle par le **Facteur Cheval**. Pierre à pierre, ce facteur édifia pendant une trentaine d'années un monument hérissé de minarets et sculpté de mille détails, qui rappelle par sa naïveté et son exubérance les peintres de l'école naïve. A une vingtaine de kilomètres de Montélimar, Le Poët-Laval, le "mont dans la vallée", dresse ses maisons de calcaire aux toits plats, parfois flanquées de tours rondes. Ici apparaissent la lavande et les essences du Midi, comme les haies de cyprès qui protègent les habitations. L'ordre des chevaliers de Malte y fonda au Moyen Age une commanderie qui fit prospérer la ville. En Tricastin, Grignan est connu pour avoir accueilli souvent **Madame de Sévigné**, qui venait y rendre visite à sa fille. Le village est couronné par le superbe château Renaissance aux façades finement ouvragées où la marquise s'éteignit. De la terrasse, le panorama s'étend jusqu'au mont Ventoux et aux Alpilles. La Garde-Adhémar offre également une vue pleine de charme, du haut de sa falaise qui porte une belle église romane à clocher ajouré. Les rues pavées mènent aux vestiges d'un château Renaissance, tandis qu'un jardin botanique présente des plantes aromatiques régionales. Saint-Paul-Trois-Châteaux, aux rues ombragées, a consacré un musée au trésor du Tricastin : la truffe. Le sud de la Drôme possède une autre spécialité gastronomique, l'olive, cultivée dans la région depuis plus de cinq mille ans. Une soixantaine de communes se consacrent aujourd'hui à l'élaboration de l'huile d'olive vierge, entre Nyons et Buis-les-Baronnies. Nyons, village médiéval escarpé aux belles pierres ocres, accueille en février une grande fête qui clôt les différentes étapes de la fabrication.

L'Ardèche recouvre l'ancien Vivarais, dont la capitale, Viviers, conserve de beaux hôtels des XVIe et XVIIe siècles. Si tous les écoliers savent que la Loire prend sa source au mont Gerbier-de-Jonc, tous ne se rappellent pas que ce mont est ardéchois. Proches de Valence au nord, les vestiges du château de Crussol couronnent un éperon rocheux. Ce formidable promontoire offre un panorama magnifique. Au nord de Privas, jadis grand bastion protestant, Antraigues se perche aussi sur une hauteur comme, plus au sud, Balazuc surplombe l'Ardèche, groupé autour du château et de l'église romane. Les gorges de l'Ardèche

Le Poët-Laval

Toujours dans la Drôme, Le Poët-Laval conserve de son passé de cité médiévale fortifiée une allure un peu austère. Il abrite les vestiges d'une commanderie de Malte. Les ruelles voisines, étroites pour lutter contre le mistral, coupées de passages voûtés, ornées de médaillons et de linteaux sculptés avaient été abandonnées au siècle dernier. Le village, aujourd'hui classé dans son ensemble, revit grâce à des artisans séduits par la beauté de ce site, proche de Montélimar.

sont aujourd'hui l'un des sites les plus visités de la région. Encaissée dans des défilés profonds, la rivière sinueuse se fait parfois torrent. Ses rives caillouteuses, qu'il faut découvrir depuis les routes en corniche ou en kayak pour les plus téméraires, proposent des haltes pleines de charme comme Vogüé, proche d'Aubenas.

Un peu à l'est, Alba-la-Romaine fut une cité prospère sous le règne d'*Auguste*. Les vestiges des thermes, du théâtre et du forum gallo-romains ont été mis au jour. Une nouvelle ville fortifiée, dont beaucoup de ruelles et de passages voûtés ont subsisté, fut élevée au Moyen Âge. Certaines maisons, comme le château massif qui couronne la ville, sont construites dans le basalte d'un massif volcanique tout proche. Le village de Saint-Montan domine les gorges de la Sainte-Baume dans un site superbe. L'ancienne citadelle s'accroche au bord d'un ravin, étageant ses maisons sous la silhouette d'une forteresse en ruines.

Aquitaine

L'Aquitaine est souvent identifiée à la région de Bordeaux, sa capitale, ou à l'ancienne Guyenne, possession anglaise du milieu du XIIIe siècle jusqu'au milieu du XVe siècle. L'Aquitaine administrative recouvre aujourd'hui cinq départements qui, au-delà de leur histoire commune, ont des spécificités bien marquées. La Dordogne évoque tous les charmes du Périgord : des vallons coupés de rivières que veillent des châteaux ; des villages aux pierres dorées coiffés de hauts toits de tuiles brunes ; les truffes, les foies gras et les confits que l'on y élabore depuis des générations. Le Lot-et-Garonne, couvert de vergers où la prune est reine, cultive aussi le tabac, des céréales et des primeurs que l'on retrouve sur les marchés d'Agen, de Marmande ou de Villeneuve-sur-Lot. Les Landes étirent au nord leur long cordon de sable et de dunes bordant des forêts de pins avant de se bosseler de collines au sud. La Gironde déroule ses vignobles piquetés de domaines où l'on produit les vins les plus prestigieux. Les Pyrénées-Atlantiques s'étendent entre Béarn et Pays Basque, entre vallonnements et sommets enneigés.

Le Périgord est lui-même une mosaïque de paysages. Au nord, le Périgord vert, sillonné par la Dronne, l'Auvézère et une multitude de ruisseaux, est le pays de l'arbre et de l'eau. Aux environs de Périgueux, le Périgord blanc alterne plateaux calcaires et vallées couvertes de prairies. A l'est, autour de Sarlat, le Périgord noir, traversé par la Dordogne et la Vézère, se hérisse de reliefs. Les abords de Bergerac, domaine de la vigne, ont été baptisés Périgord rouge. Comme toutes les terres du sud-ouest qui furent le terrain des luttes franco-anglaises, la Dordogne a ses bastides. La création la plus ancienne, Villefranche-du-Périgord, fut érigée par les Français en 1250. Les remparts ont disparu mais la place cernée d'arcades a conservé de belles halles couronnées d'une imposante charpente de bois. Entre les solides maisons qui l'entourent, on voit encore des androns, espaces aménagés pour éviter la propagation des incendies. La plus récente, Saint Barthélemy, fut dressée à l'ouest par les Anglais en 1316.

Les Anglais élevèrent encore Saint-Aulaye, à la frontière saintongeaise, Vergt et Beauregard, au sud de Périgueux, puis à l'est de Bergerac Lalinde, bordant la Dordogne et Molières, dominé par la puissante tour carrée de son église. Parmi les bastides françaises, Monpazier a conservé intacte sa place à couverts, au cœur du plan parfaitement rectangulaire de la vieille ville. Au XVIe siècle, ce fut un point fort de la révolte des Croquants, soulèvement paysan qui toucha le Limousin, le Périgord et le Quercy évoqué par *Eugène Leroy* dans son roman *Jacquou le Croquant*. Les Croquants se manifestèrent aussi à Domme. Dominant la Dordogne, cernée de champs et de bois, cette bastide a adopté un plan triangulaire pour s'adapter au plateau qui la supporte. La promenade des falaises offre des vues magnifiques sur les environs, tandis qu'au centre de la ville on accède, par la belle halle à balcon de bois, à des grottes qui servirent de refuge à la population durant les périodes de troubles.

Mais les bastides ne sont pas les seuls ornements de la Dordogne. Saint-Jean-de-Côle, proche du château de Puyguilhem, reflète dans les eaux de sa rivière un magnifique ensemble : maisons à colombages, un vieux pont en dos-d'âne, une halle flanquée d'une curieuse église romano-byzantine. Un peu au sud, Brantôme se love dans une boucle de la Dronne. L'abbaye, fortement remodelée depuis, aurait été fondée par *Charlemagne* au VIIIe siècle. Son clocher-campanile du XIe siècle passe pour être le plus vieux de France. Une grotte voisine offre un spectacle rare : ses parois ont été entièrement sculptées de scènes du Jugement Dernier. Toujours sur la Dronne, Bourdeilles se masse au pied du château qui appartint à *Pierre de Bourdeille*, mémorialiste du XVIe siècle plus connu sous le nom de *Brantôme*. Saint-Léon-sur-Vézère se presse autour du donjon de son ancien château. La vallée de la Vézère, ponctuée de châteaux et de villages accrochés à ses rives, recèle quelques-uns des plus grands sites préhistoriques. Les grottes de Lascaux, proches du joli village de Montignac, Les Eyzies-de-Tayac ou Bara-Bahau en sont les fleurons. Le gouffre de Proumeyssac abrite de superbes concrétions.

Beynac
En Périgord, la vallée de la Dordogne fut une zone frontière entre les influences anglaise et française à l'époque médiévale. Les hautes falaises dominant la rivière aujourd'hui si paisible se sont ainsi hérissées de forteresses, tel le château de Beynac. Les seigneurs de Beynac, favorables au parti français, s'opposèrent pendant tout le Moyen Age aux Cazenac, seigneurs de Castelnaud favorables aux Anglais, dont les vestiges s'élèvent sur la rive opposée. Le village blotti entre la roche et l'eau arbore la belle couleur ocre des pierres de la région.

Le donjon crénelé du château de Beynac domine la Dordogne depuis un éperon rocheux où le village vient s'appuyer. La Roque-Gageac étire ses maisons le long de la Dordogne, tandis que la falaise boisée qui domine le village supporte le château. Aux environs, le château de Fénelon abrita l'enfance de celui qui s'attira plus tard les foudres de *Bossuet* et de *Louis XIV* par son adhésion au quiétisme et la liberté d'esprit qu'il mit dans son rôle de précepteur du duc de Bourgogne. Le château de Monbazillac élève ses tours blanches au cœur du vignoble qui produit un célèbre vin liquoreux. Bergerac, très proche, évoque un double souvenir, celui du bouillonnant personnage d'*Edmond Rostand*, mêlé à l'ombre du véritable *Cyrano de Bergerac*, auteur de *l'Histoire comique des États et Empires de la Lune*.

L'Agenais fut également hérissé de bastides qui ont parfois perdu leur allure défensive, telles Tournon-d'Agenais ou Durance. Les remparts de Puymirol, fondé par le comte de Toulouse *Raymond VII*, furent rasés sous *Louis XIII*. Vianne a, en revanche, conservé une grande partie de son enceinte. Monflanquin, l'une des nombreuses bastides fondées par *Alphonse de Poitiers*, frère de *saint Louis*, comme Villeréal ou Lavardac, couronne une colline.

En Armagnac, Poudenas, joli village où la Gélise forme une cascade, fut doté d'une forteresse au Moyen Age. Remaniée à la Renaissance, elle est aujourd'hui entourée d'un parc planté d'essences rares qui ajoute son charme aux vieilles bâtisses et au moulin qui borde la rivière.

Plantée de pins au XIXᵉ siècle pour stabiliser l'avance des dunes qui bordent l'Atlantique, les Landes offrent de longues plages dont les rouleaux sont appréciés par les amateurs d'émotions fortes. Stations balnéaires et étangs ponctuent la côte, entre Mimizan, Hossegor et Capbreton. La tradition des courses de vaches landaises se perpétue à Mont-de-Marsan, comme à Dax, station thermale prisée depuis l'époque gallo-romaine. Ici encore, les bastides anglaises font face aux bastides d'origine française. Villeneuve-de-Marsan, la capitale de l'Armagnac où s'élabore la fameuse eau-de-vie, a conservé près de l'église fortifiée une tour crénelée qui serait antérieure à la construction de la bastide. A Saint-Justin, la place à couverts, une tour de défense et l'église bordant une rue pavée rappellent le village médiéval, paré ici et là de quelques fenêtres à meneaux.

"La Garonne passe la vieille Toulouse, le vieux Languedoc romain et gothique, et, grandissant toujours, elle s'épanouit comme une mer en face de la mer, en face de Bordeaux", écrivait *Michelet*. Le profond estuaire de la Gironde baigne le Médoc. L'Entre-Deux-Mers, entre Garonne et Dordogne, le Sauternais qui le prolonge au sud et la région de Saint-Émilion au nord évoquent des appellations plus réputées les unes que les autres. Saint-Émilion est également une charmante ville, qui s'épanouit autour de la place du

Molières

Cette vue du village périgourdin ne laisse rien deviner de son histoire tumultueuse. Le site appartenait à la puissante abbaye de Cadouin lorsqu'on y éleva une bastide au XIIIᵉ siècle. Mais la population ne se développa guère, encore diminuée par la guerre de Cent Ans puis les guerres de Religion qui y firent rage. Dans son écrin de verdure et de pierres dorées, Molières coule aujoud'hui des jours paisibles, sous le clocher carré de son église, particulièrement imposant.

Marché, dans un écrin de remparts. On y aurait cultivé la vigne dès avant notre ère. L'une des rares églises souterraines de France, le Château-du-Roi, une collégiale et des cloîtres renforcent le charme de ses vieilles rues. Le Médoc est émaillé de prestigieux domaines surgissant dans les vignes, dont certains ouvrent leurs chais à la visite : Château-Lafite, Château-Mouton-Rothschild, Château-Beychevelle, Château-Margaux... Le village de Sauveterre-de-Guyenne, en Entre-Deux-Mers, ramène à la route des bastides.

L'exportation des vins de Bordeaux fut toujours le moteur de l'économie de la région. L'esplanade des Quinconces ou les beaux immeubles de la place de la Bourse rappellent que les négociants de la ville durent également une partie de leur fortune au commerce avec les Antilles au XVIIIe siècle, après avoir pratiqué le commerce triangulaire. Autour du bassin d'Arcachon, c'est l'élevage des huîtres que l'on développe depuis des siècles, comme à Andernos, à Gujan-Mestras ou au Cap-Ferret.

Domaine du vin et de la gastronomie, le Bordelais est aussi celui des beaux esprits. *Montaigne* naquit à quelques kilomètres de Saint-Émilion et fit ses études à Bordeaux. Il se retira à la fin de sa vie durant une dizaine d'années dans son domaine de Montaigne pour entreprendre l'écriture des *Essais*. L'auteur des *Lettres persanes* et de *L'Esprit des lois*, *Montesquieu*, vit le jour au château de La Brède, au sud de Bordeaux. Bordeaux fut aussi le berceau de l'écrivain *François Mauriac*.

Au sud de l'Adour commencent les Pyrénées-Atlantiques. De Bayonne à Pau, de Bidache au col de Somport ou au col du Pourtalet, paysages et villages offrent de multiples facettes, entre une côte dentelée par l'océan, une campagne vallonnée et la haute montagne. L'"Euskadi", le Pays Basque, affirme dans sa traduction française son identité de pays à part entière. Ignorant les Pyrénées, il couvre trois régions en France (Labourd, Basse-Navarre et Soule), et quatre en Espagne (Biscaye, Guipuzcoa, Alava et Navarre).

On retrouve ces couleurs à Bayonne, capitale du Labourd, sur les hautes et étroites façades qui ornent les quais de la Nive. Saint-Jean-de-Luz vit, en 1660, l'union de *Louis XIV* et de l'infante d'Espagne, prévue par le traité des Pyrénées. A l'abri d'une rade profonde, le port s'est livré au cours des siècles à toutes les pêches : baleiniers, morutiers, sardiniers et thoniers s'y sont succédé. Ciboure, la "Tête de pont", faisant face à Saint-Jean-de-Luz sur l'autre rive de la Nive, est la ville natale de *Maurice Ravel*. La beauté de la ville et du site, défendu par le fort de Socoa, séduisit peintres et artistes, comme *Pierre Benoit* qui y finit ses jours. Hendaye se campe sur la Bidassoa, formant la frontière entre l'Espagne et la France. La rivière porte le plus petit condominium du monde, l'île des Faisans, gouvernée en alternance tous les six mois par les deux pays. Dans les terres, les façades d'Espelette, capitale du piment, se couvrent en automne de chapelets de fruits rouges que l'on fait sécher au soleil. Aïnhoa, proche du poste-frontière de Dancharia, fut fondé par les prémontrés comme étape sur la route de Saint-Jacques-de-Compostelle. Ses belles maisons blanchies à la chaux et parées de colombages s'ornent parfois de poutres maîtresses portant une inscription ou une date.

Dans la vallée de la Joyeuse, La Bastide-Clairence présente les mêmes maisons blanches à colombages verts et rouges. La capitale de la Basse-Navarre, Saint-Jean-Pied-de-Port, fut la résidence des seigneurs d'*Albret*. Ses maisons se reflètent dans les eaux de la Nive, certaines présentant des façades de grès rouge, comme l'église forteresse Notre-Dame. A proximité des vignobles d'Irouléguy, Saint-Étienne-de-Baïgorry se dresse dans la vallée des Aldudes, les Pyrénées lui faisant une magnifique toile de fond. Après les toits de tuiles, les maisons de la Soule se couvrent d'ardoise. Pays de montagne, la Soule abrite des gorges impressionnantes, telles celles de Kakouetta et d'Holçarté. Mauléon, sa capitale, à l'ombre du château fort qui la domine, est depuis des siècles un centre de production d'espadrilles et de chaussures. Larrau, cerné de pâturages, Sainte-Engrâce et sa belle église romane, ou Arette-Pierre-Saint-Martin et ses pistes de ski, réservent de somptueux paysages. Tout comme Pau, capitale béarnaise qui fut le berceau d'*Henri IV*, offre un panorama magnifique sur les montagnes d'où se détache le pic du Midi d'Ossau.

Partagé par les hasards de l'histoire entre deux royaumes, le Pays Basque a conservé pour devise "Quatre plus trois font un". La langue, dont l'origine laisse les linguistes perplexes, est restée la même des deux côtés de la frontière, comme le fameux jeu de pelote, les danses traditionnelles tel le fandango, ou l'importance de l'"etche", la maison identifiée à la famille, objet de tous les soins. Les deux couleurs du drapeau basque, le vert et un rouge-brun, teintent les pans de bois qui ornent la plupart des habitations.

Labastide-d'Armagnac

La place rectangulaire de Labastide-d'Armagnac, longée de couverts aux belles boiseries, aurait inspiré les architectes de la place des Vosges à Paris. Quelques maisons à colombages s'y dressent encore. Parmi toutes les bastides nées des luttes franco-anglaises aux XIIIᵉ et XIVᵉ siècles, celle-ci, élevée à l'est de Mont-de-Marsan, est l'une des mieux conservées, autour de son imposante église fortifiée.

Pages suivantes
Aïnhoa

Aïnhoa, la "Bonne source", est le type même du village-rue. Autrefois étape sur la route de Saint-Jacques-de-Compostelle, c'était également un grand lieu d'échanges commerciaux entre Bayonne et Pampelune. Les maisons blanchies à la chaux présentent des pans de bois verts ou rouges, les couleurs du drapeau basque. Les toits asymétriques, courants dans la province du Labourd, protègent les façades des pluies et du vent d'ouest dominant ; le cimetière jouxtant l'église abrite les disques de pierre des stèles discoïdales typiques du Pays Basque.

Midi-Pyrénées

Du nord au sud, la région Midi-Pyrénées recouvre huit départements aux paysages bien distincts, menant des plateaux du Lot aux Pyrénées, "la formidable barrière de l'Espagne", selon *Michelet*, en passant par Toulouse, sa dynamique capitale

Les villages aux pierres dorées du Lot, les manoirs isolés flanqués de tours carrées et de pigeonniers se fondent entre forêts, vignes et champs. Beaucoup portent les hautes toitures de tuiles brunes agrémentées de lucarnes typiques de la région, comme on en trouve à Carennac, très beau village classé. Un peu au sud, après le gouffre de Padirac, Autoire déroule un mélange de maisons à colombages et de vastes bâtisses dans un cirque boisé. Près de la grotte de Presque, dentelée de concrétions, Saint-Céré s'étend autour de la place du Mercadial bordée de maisons anciennes qui ont conservé tout leur cachet.

A l'ouest de Gramat, Rocamadour semble défier les lois de la pesanteur, couronné par sa basilique et ses chapelles. Escaladant les flancs abrupts des gorges de l'Alzou, la ville s'étage jusqu'au sommet en un tableau saisissant. Le site fut dès le XIIᵉ siècle un lieu de pèlerinage important, lorsqu'on y découvrit le corps miraculeusement conservé d'un ermite, *saint Amadour*, à l'emplacement de l'actuelle chapelle Notre-Dame. Le culte de Notre-Dame de Rocamadour s'étendit, et rois, saints ou pèlerins anonymes vinrent honorer la Vierge noire de la basilique Saint-Sauveur. Lors de la croisade contre les Albigeois, les hérétiques que l'on voulait amender devaient monter à genoux les deux cent seize marches qui relient le village aux sanctuaires. Ravagé pendant la guerre de Cent Ans puis lors des guerres de Religion, Rocamadour connut un long moment d'abandon jusqu'à ce que les évêques de Cahors entreprennent sa restauration, au XIXᵉ siècle. C'est aujourd'hui l'un des sites les plus visités de la région.

Dominé par un robuste château, Lacapelle-Marival conserve un beau quartier médiéval tandis que, dans la vallée du Célé, les maisons d'Espagnac-Sainte-Eulalie composent un ensemble pittoresque autour d'une église au curieux clocher de bois et de briques coiffé d'un toit octogonal.

Les bords du Lot sont parsemés de villages où chaque ruelle offre un détail à voir : fontaine, lavoir, pigeonnier ou four à pain. Près de Fumel, une route mène à travers bois jusqu'à Bonaguil, minuscule hameau couronné par un château fort. Construite à une époque où l'on n'élevait plus que des châteaux d'agrément, la forteresse qui dresse son donjon en forme de navire à l'écart des grandes routes n'a jamais eu à se défendre contre le moindre assaut.

Celle de Saint-Cirq-Lapopie a, en revanche, souvent excité les convoitises. Elle résista à *Richard Cœur de Lion* mais fut démantelée par *Louis XI* trois siècles plus tard, avant d'être investie par les huguenots. A l'abri de ses fortifications, les artisans, des tourneurs sur bois surtout, formaient la majeure partie de la population dès le Moyen Age. Depuis quelques années, ce sont leurs successeurs et des artistes qui ont largement contribué à restaurer les maisons à encorbellements, ornées de balcons fleuris et cernées de petits jardins qui bordent les ruelles pavées.

Dans le Rouergue, le Lot poursuit sa route dans le département de l'Aveyron, émaillé de villages surplombant des gorges magnifiques. Conques domine l'Ouche, près de son confluent avec le Dourdou. Autour de la somptueuse église Sainte-Foy, vestige d'une abbaye bénédictine qui eut un rayonnement important au Moyen Age, se tisse un lacis de rues pentues, ponctuées de petites places et bordées de maisons de granit ou de schiste aux teintes ocrées. Entraygues-sur-Truyère, un peu à l'est, ou Estaing, où un pont gothique enjambe le Lot, conservent également d'anciennes maisons ravissantes.

Saint-Cirq-Lapopie

La "perle du Quercy" accroche ses maisons à un rocher escarpé qui domine la vallée du Lot. Sa position stratégique lui valut une succession d'assauts durant la guerre de Cent Ans et les guerres de Religion. Mais tous ont préservé sa richesse artistique, reflet de cinq siècles d'histoire. Sous la silhouette de l'église massive, les maisons à encorbellements, aux balcons fleuris, bordent aujourd'hui de paisibles ruelles pavées qui s'emplissent chaque été de visiteurs. Potiers, tisserands et peintres font revivre ce village où les noms évoquent encore les artisans qui l'animaient autrefois, telles les rues Pelissaria (des pelletiers) ou Peyroleria (des chaudronniers).

Pages suivantes

Conques

Dominant la vallée de l'Ouche, Conques doit l'ampleur et la beauté de l'église Sainte-Foy à une abbaye bénédictine qui fut au Moyen Age un haut lieu religieux. L'église à trois clochers, d'un très pur style roman, semble aujourd'hui disproportionnée dans ce petit village cerné de forêts mais Sainte-Foy accueillait jadis les pèlerins cheminant vers Compostelle. Elle conserve l'un des plus beaux trésors d'orfèvrerie, dont le joyau est un reliquaire, une statue de bois recouverte d'or et incrustée de pierres précieuses, appelé la "Majesté de Sainte-Foy". Les maisons de Conques, faites de granit ou de schiste, parfois revêtues de colombages ou d'un mortier ocré et couvertes de hauts toits de lauzes, aux bords un peu relevés ont conservé tout le cachet de la cité médiévale.

Les façades d'Estaing allient le schiste, le grès et les galets du Lot, autour d'un château Renaissance. Aux confins de l'Aveyron et de la Lozère, Saint-Côme-d'Olt, beau village fortifié, est dominé par le clocher en vrille de son église. Sainte-Eulalie-d'Olt, très proche, fut peuplée de drapiers et de tanneurs. Tous deux doivent beaucoup de leur charme, et leur nom, au Lot, que l'on appelait autrefois "Olt".

Au sud de Villefranche-de-Rouergue, Najac s'étire sur une corniche surplombant l'Aveyron. Les ruines de son château fort et son église gothique résonnent du souvenir des luttes entre catholiques et cathares et des rivalités franco-anglaises. Malgré cela, Najac conserve beaucoup de demeures du XVIe siècle. Plus à l'est, une partie du plateau du Larzac fut d'abord cédée à l'ordre des Templiers au XIIe siècle puis aux chevaliers de Malte. Ils y élevèrent un village fortifié, La Couvertoirade. Les puissantes murailles enserrent des maisons couvertes de lauzes ou de tuiles, construites dans le calcaire de cette région aride. A l'extérieur, une lavogne, petite mare où s'abreuvent les moutons, rappelle que les habitants du village étaient autrefois pour la plupart des bergers.

Capitale du Tarn, où trônent la cathédrale Sainte-Cécile, toute de briques, et le palais de la Berbie, Albi fut au XIIIe siècle le cadre de luttes sanglantes entre catholiques et cathares. Au début du XIIIe siècle, le roi de France prenait les armes contre son puissant vassal **Raimond VII**. Le comte de Toulouse était accusé de sympathie pour la doctrine cathare qui s'était répandue sur ses terres. La croisade contre les cathares fut confiée, en 1209, à **Simon de Montfort**. Celui-ci livra la région à ses mercenaires, pillant et massacrant, jusqu'à écraser les troupes de **Raimond VII** au Muret, en 1213. **Montfort** se proclama lui-même comte de Toulouse, avant d'être assassiné en 1218. **Raimond VII** reprit alors le titre et, pour protéger ses sujets, décida d'élever une nouvelle bastide. Ce fut Cordes, perché sur le puech de Mordagne, à quelques kilomètres au nord d'Albi. Devenue plus tard la résidence de chasse des seigneurs du Languedoc, la ville s'agrandit et fut à la Renaissance un lieu de fêtes, où le commerce prospérait. D'élégantes demeures s'élevèrent le long de la Grand-Rue, voisine de maisons de briques et de torchis, bordant les ruelles tortueuses et escarpées du village.

Les façades aux tons roses, les fenêtres à ogives et à colonnettes, les galeries en étage, laissent flotter un léger parfum d'Italie sur la "ville aux cent ogives". Au cœur du village, la vieille halle évoque l'animation des marchés d'autrefois. On y vendait le cuir et les étoffes travaillés sur place, le pastel et le safran produits dans la région. Cordes s'assoupit ensuite durant de longues années. C'est un peintre, **Yves Brayer**, qui suscita son réveil au XXe siècle, suivi

par de nombreux artisans et artistes qui ont rendu son animation au village dont le joli nom est en réalité Cordes-sur-Ciel. Au sud d'Albi, Lautrec a toujours eu une vocation de ville commerçante, comme en témoigne la belle place des halles cernée de maisons à encorbellements sur piliers de bois. Ancienne place forte dominant la plaine de Castres, elle ne conserve qu'une porte des fortifications élevées au Moyen Age, et produit, depuis des siècles, un ail rose réputé.

Gaillac se campe sur le Tarn, au cœur de vignobles qui produisent une large gamme de vins, dont des vins blancs réputés. Un peu au nord, Puycelci semble posé sur la forêt de Grésigne. La place forte, érigée sur un plateau, émerge des arbres dans son corset de remparts ceignant des maisons des XVe et XVIe siècles. Penne, autre forteresse médiévale, domine l'Aveyron depuis un piton rocheux qui offre une vue splendide sur les environs.

A proximité, dans le Tarn-et-Garonne, les vieilles maisons de Bruniquel se serrent autour d'un château qui, selon la légende, fut élevé par *Brunehaut*, fille d'un roi wisigoth devenue reine d'Austrasie. Saint-Antonin-Noble-Val mêle des habitations du Moyen Age au XVIIIᵉ siècle, autour d'une rare demeure du XIIᵉ siècle convertie en musée. Les mêmes rues étroites tissent la ville de Caylus, dressée sur un affluent de l'Aveyron, dans la jolie vallée de la Bonnette. Montauban, ville natale du dessinateur *Ingres*, lui a consacré un musée dans l'ancien palais épiscopal, construit dans la brique qui donne sa couleur chaude à cette partie du sud-ouest. La bastide fut déclarée place de sûreté protestante en 1570. Aux environs, d'autres bastides offrent encore des rues médiévales organisées autour de vieilles halles, tels Puylaroque, lové sur une colline, Montpezat-de-Quercy et sa superbe place à couverts, Lauzerte, perché sur un éperon, Auvillar et son port sur la Garonne, ou Caussade, devenu un grand centre de chapellerie.

En Armagnac, les bastides fleurirent tout au long du XIIIe siècle jusqu'au milieu du XIVe, au gré des besoins économiques et politiques, notamment des rivalités franco-anglaises nées du mariage d'*Aliénor d'Aquitaine* avec *Henri II d'Angleterre*. Entre Mont-de-Marsan, en territoire aquitain, et Auch, capitale du Gers, les deux camps créèrent ainsi des villes fortifiées sur les routes menant du pays toulousain à la Guyenne.

A l'est, Saint-Clar l'Anglaise se dresse entre Miradoux, Fleurance et Montfort, de création française. Au nord, les Anglais élevèrent Fourcès, entièrement circulaire, face à Montréal, de plan rectangulaire, l'une des plus anciennes bastides françaises et aussi l'une des plus belles. A l'ouest, vers la Guyenne, un front serré fait se côtoyer Mauvezin, Labastide-d'Armagnac, Saint-Gein, Monguilhem et Lias, anglaises, et Saint-Justin, Monclar, Villeneuve-de-Marsan, Rondebœuf et Maguestau, françaises.

Au sud, les créations françaises, plus espacées, sont légion : Plaisance, Bassoues, Marciac, Miélan, Mirande, Pavie, Aujan, Villefranche, Cologne... Tous ces villages, à l'abri de leurs murs d'enceinte, ont conservé leur aspect médiéval. Autour de belles halles à couverts, qui protégeaient hommes et marchandises des intempéries, les ruelles se parent de superbes maisons à colombages, d'églises à l'allure défensive, souvent flanquées d'un clocher octogonal.

Les Hautes-Pyrénées évoquent les pics, les cols, les gaves et les lacs une nature préservée, telle qu'elle apparaît dans la réserve de Néouvielle. Proche de la frontière espagnole, le cirque de Gavarnie fait partie de ces sites grandioses qui ont inspiré bien des artistes, "Ce que j'ai vu de plus beau", écrivait *Flaubert*. Lourdes est mondialement connu pour son pèlerinage. Mais cette région abrite aussi de petites stations thermales et des villages qui méritent d'être découverts.

Argelès-Gazost, parmi ses chalets à hauts toits, conserve le casino et les belles résidences que l'on éleva au XIXe siècle pour les curistes. A proximité, Saint-Savin conserve une remarquable église romane et offre une vue superbe sur les environs depuis une terrasse proche de la place. Cauterets, dont les eaux thermales ont la réputation de tout guérir, s'élève dans un site magnifique, cerné de torrents, de chemins de montagne et, l'hiver, de pistes skiables.

Entouré de coteaux où mûrit un raisin parfumé, le chasselas, Moissac abrite l'un des hauts lieux de l'art roman français. L'abbaye de Moissac, passée dans le giron de Cluny au XIe siècle, eut dès lors un rayonnement considérable dans tout le sud-ouest. L'église Saint-Pierre révèle son importance. Le portail méridional est un chef-d'œuvre de l'art roman, comme le cloître adjacent, aux proportions harmonieuses, fermé par soixante-seize arcades aux chapiteaux finement sculptés.

Cordes

Au XIIIe siècle, Philippe Auguste confia à Simon de Montfort la charge de réprimer la doctrine cathare, considérée comme hérétique par l'Eglise catholique, qui s'était répandue sur les terres du comte de Toulouse. Raimond VII, devant les pillages et les massacres perpétrés par les mercenaires de Montfort, décida la construction d'une nouvelle bastide pour protéger ses sujets : il éleva Cordes, à quelques kilomètres au nord d'Albi. La ville prospéra à la Renaissance et se couvrit des élégantes demeures qui font sa beauté. Après un long temps d'abandon, artisans, dentellières, brodeuses, peintres et sculpteurs ont ranimé aujourd'hui les belles ruelles tortueuses et escarpées.

Luz et Saint-Sauveur, station thermale rendue célèbre par les séjours de l'*impératrice Eugénie* au XIXᵉ siècle, et Barèges, où *Madame de Maintenon* vint prendre les eaux, jouissent des mêmes horizons et des mêmes activités. Le domaine skiable de Barèges est relié à celui de La Mongie, la grande station pyrénéenne, tandis que plus à l'est, les chalets de Saint-Lary se sont implantés dans la vallée d'Aure.

Ancienne capitale du Pays des Quatre-Vallées (d'Aure, de Barousse, de Neste et de Magnoac), Arreau est parcourue par de petits torrents qui longent des maisons à encorbellements et à colombages, dont la célèbre maison du Lys à façade Renaissance. Les Romains exploitaient ses gisements de fer et de cuivre, à proximité des carrières de marbre de Campan et de Sarrancolin. Un peu au nord, Bagnères-de-Bigorre fut le berceau des *pyrénéistes*.

La Haute-Garonne, dominée par Toulouse, ancienne capitale des Wisigoths riche des vestiges de sa longue histoire, abrite un site à la curieuse destinée, Saint-Bertrand-de-Comminges. Fondée au Iᵉʳ siècle par *Pompée*, la ville qu'on a surnommée le "Mont-Saint-Michel des terres" compta jusqu'à 60 000 habitants avant d'être pratiquement abandonnée jusqu'au XIIᵉ siècle. L'évêque de Comminges, futur *saint Bertrand*, fit alors élever la cathédrale Sainte-Marie, agrandie plus tard par le futur pape *Clément V*. La cathédrale, flanquée d'un cloître dont les arcades laissent voir l'horizon des montagnes, renferme de magnifiques boiseries sculptées par les maîtres toulousains du XVIᵉ siècle. Le village se serre sous sa massive silhouette, couronnant une colline, cerné de champs, de vignes et de cyprès, tandis qu'à l'extérieur des remparts s'étendent les vestiges romains. Le palais épiscopal élevé par les évêques de Saint-Bertrand trône toujours dans le petit bourg d'Alan. Plus à l'est, sur les coteaux du Volvestre, Montesquieu et Rieux conservent maisons et églises anciennes. A Rieux, où deux vieux ponts franchissent l'Arize, la tour octogonale de la cathédrale, à étages ajourés, est l'une des plus belles du style toulousain. Saint-Félix-Lauragais, dominant la plaine, regorge de vestiges autour de son château : des pans de remparts, des halles du XIVᵉ siècle, des moulins, aujourd'hui désarmés, et des maisons à colombages, restaurées par les artisans qui animent le village. Le premier concile cathare s'y serait tenu en 1167.

Aurignac

Le village se détache sur la toile de fond colorée des Pyrénées. Il abrite les vestiges d'un donjon médiéval qui offre un panorama magnifique sur les environs. Mais ce n'est pas la beauté du site qui a fait la célébrité de ce bourg de Haute-Garonne. L'aurignacien désigne une période du paléolithique depuis que l'on a mis au jour ici des os et des outils taillés, peu de temps avant la découverte de l'homme de Cro-Magnon, leur contemporain, aux Eyzies-de-Tayac en Dordogne.

En Midi-Pyrénées, c'est bien sûr l'Ariège, bordant le Languedoc, qui recèle les témoignages cathares les plus nombreux et les plus impressionnants. Aux environs de Foix, les châteaux qui abritèrent les Parfaits et leurs disciples abondent. Ils se dressent souvent sur des pics rocheux, nids d'aigle spectaculaires surveillant les routes, comme Roquefixade, Lordat ou

Montségur, symbole de la fin du catharisme. En 1244, ses derniers partisans, réfugiés à Montségur, furent délogés de leur abri et amenés jusqu'au bûcher où tous périrent, emportant le secret d'un mystérieux trésor qu'ils auraient eu le temps de dissimuler. Mirepoix, haut lieu cathare également, abrite aujourd'hui de belles maisons à colombages autour d'une place à couverts.

Noyée à la fin du XIIIe siècle par la rupture du barrage retenant les eaux du lac de Puivert, la cité fut reconstruite un peu en retrait de l'Hers, petite rivière que l'on retrouve à Camon. Une légende attribue la création de Camon à *Charlemagne*. C'est en tout cas autour d'un monastère fondé au VIIIe siècle que se développa le village cerné de remparts, joliment étagé sous son château.

Languedoc Roussillon

"C'est une bien vieille terre que ce Languedoc. Vous y trouvez partout les ruines sous les ruines ; les Camisards sur les Albigeois, les Sarrasins sur les Goths, sous ceux-ci les Romains, les Ibères," écrivait **Michelet**. Depuis le Roussillon, qui couvre à peu près les Pyrénées-Orientales, en passant par les reliefs de l'Aude, les plaines de l'Hérault et du Gard, jusqu'aux contreforts cévenols de la Lozère, une longue histoire s'inscrit dans la pierre. Les Romains, les Wisigoths et les Sarrasins y ont tous laissé la trace de leur culture. Plus tard, la frontière fut longtemps incertaine entre la France et l'Espagne, faisant de la Catalogne un monde un peu à part, dans sa langue et ses traditions. Le mouvement cathare, comme les calvinistes, y trouva un large écho. Peut-être la rigueur de ces doctrines s'harmonisait-elle particulièrement avec ces terres baignées dans la chaleur méditerranéenne mais aux paysages rudes, à la beauté austère plus que douce. Chacune de ces régions présente des habitations d'un type différent. Maisons de montagne, couvertes de toits de lauzes, maisons de calcaire des Causses ou maisons de vignerons, toutes ont leurs formes, leurs teintes et leurs charmes particuliers.

A quelques kilomètres de l'Espagne, dans un cirque de la vallée du haut Tech, Prats-de-Mollo se serre autour de la Maison des rois d'Aragon, non loin de la place del Rey. Les fortifications de la ville haute, ceignant de belles rues médiévales, furent renforcées au XVIIe siècle par **Vauban**. C'est lui encore qui fonda Mont-Louis, après le traité des Pyrénées par lequel l'Espagne cédait le Roussillon à la France, partageant la Cerdagne entre les deux pays. La formidable forteresse bâtie à 1 600 mètres n'eut jamais à prouver son efficacité, pas plus que Villefranche-de-Conflent, au contraire encaissé dans une vallée profonde au confluent de deux rivières. Le village rectangulaire, déjà abrité par de hautes murailles, fut lui aussi renforcé par **Vauban** à la même époque.

Ce corset sévère a préservé les rues étroites, bordées de façades qu'embellissent parfois fenêtres à meneaux et vieilles enseignes. La façade de l'église Saint-Jacques, au portail de marbre rose que l'on retrouve en colonnettes sur certaines maisons, et des échauguettes de brique ajoutent leur note de couleur à cet ensemble pittoresque. C'est de Villefranche que part le "petit train jaune" qui sillonne la Cerdagne pour le seul plaisir des visiteurs.

La Roque-sur-Cèze

La Cèze, petit affluent cévenol du Rhône, présente en amont de La Roque des gorges magnifiques. Le village, piqueté de cyprès, se blottit autour d'une belle chapelle romane sur une butte qui domine la rivière.

Deux magnifiques abbayes médiévales s'élèvent à proximité du mont Canigou, culminant à près de 3 000 mètres ; les Catalans en ont fait leur "Olympe". Les églises de Saint-Martin-du-Canigou et de Saint-Michel-de-Cuxa sont toutes deux couronnées par une tour carrée et crénelée, dans un site somptueux. Sur les contreforts du mont, Castelnou surplombe un piton rocheux, ceint par des remparts du XIIIᵉ siècle. Les ruelles, bordées de maisons aux pierres ocres, sont aussi pentues que celles d'Eus – que l'on prononce Eousse –, près de Prades. Ici, les escaliers raides et les rues pavées de galets dévalent une soulane (un versant exposé au soleil), dans un écrin de vignes plantées en terrasses. Au sommet, l'église du XVIIIᵉ siècle voisine avec les ruines des fortifications qui protégeaient jadis un château des comtes de Cerdagne. Les maisons couvertes de tuiles, faites du granit qui leur sert de socle, s'étagent jusqu'à la vallée où s'élève une belle chapelle romane.

Gruissan

Au sud de Narbonne-Plage, Gruissan s'est bâti en couronne autour du rocher qui porte la tour Barberousse. Bordant un étang et un marais, le village de pêcheurs est relié à la mer par un chenal. Ses maisons typiquement méditerranéennes, blotties les unes contre les autres, ont le charme des vieux villages languedociens. Une station balnéaire, moins séduisante, a été élevée en partie sur pilotis à proximité, ainsi qu'un port de plaisance.

La Côte Vermeille, entre Argelès et Cerbère, à la frontière espagnole, est aussi réputée pour ses embouteillages en été que pour la beauté des paysages qu'elle révèle. Entre le massif des Albères et la Méditerranée, ports et plages se succèdent le long d'une côte découpée. Collioure en est l'un des plus beaux exemples. C'était au début du XXᵉ siècle le rendez-vous de nombreux peintres, dont **Derain**, **Picasso** ou **Foujita**. Le dôme rose de l'église Saint-Vincent, surplombant le bleu de la mer, et le vieux quartier du Mouré inspirent encore artistes et visiteurs. Aux environs de Banyuls, les collines se couvrent de vignobles qui donnent un vin doux, comme celui de Rivesaltes, au nord de Perpignan.

Plus au nord, dans les Corbières, garrigues et vignes alternent, couvrant l'Aude jusqu'à Narbonne. Là se niche un petit village rendu célèbre par un conte d'**Alphonse Daudet**, qui s'était lui-même inspiré du félibre **Joseph Roumanille**. Cucugnan n'est pas en Provence mais en plein pays cathare, entre Quéribus et Peyrepertuse. Le donjon de Quéribus, protégé par trois enceintes, se dresse sur un piton d'où l'on peut apercevoir la Méditerranée, à quelque trente kilomètres. Peyrepertuse fut l'une des plus formidables citadelles qui défendirent, au gré de l'histoire, le nord du royaume espagnol ou le sud de la France, après son rachat par **saint Louis**. Perchée sur une crête des Hautes-Corbières, la forteresse forme un gigantesque vaisseau de pierre d'où la vue est vertigineuse. Bien d'autres sites cathares aussi spectaculaires émaillent la région, comme Puilaurens ou le château de Termes, dont la chute fut un épisode décisif dans la croisade de **Simon de Montfort**.

Lagrasse, un peu au nord, soutint en revanche le parti catholique. Une abbaye s'y était élevée dès le VIIIᵉ siècle. Une légende attribue sa fondation à **Charlemagne**, ce qui reste douteux ; elle connut en tout cas un fort développement jusqu'au XIIIᵉ siècle. Le village, qui s'est étendu sur l'autre rive de l'Orbieu, conserve des restes de remparts du XIVᵉ siècle, des maisons et des halles de la même époque. Les venelles qui abritent aujourd'hui beaucoup d'artisans sont ornées çà et là de fontaines, de fenêtres à meneaux et de poutres sculptées embellissant des façades de calcaire coiffées de tuiles.

A l'ouest de Carcassonne, Bram, petite place forte médiévale construite en rond autour de son église, comptait beaucoup de tenants du catharisme. *Simon de Montfort* y déploya une cruauté qu'il voulait exemplaire : il fit crever les yeux des prisonniers, leur fit couper les oreilles et le nez. La cité de Carcassonne est un superbe témoignage des constructions médiévales, à l'abri de ses fameuses tours. *Viollet-le-Duc* a beaucoup, trop pour certains, contribué à sa restauration. De même Narbonne, qui offre quelques beaux vestiges autour de la cathédrale Saint-Just.

Un peu au sud de Béziers commence le département de l'Hérault. Minerve abritait au Moyen Age le château des comtes du Minervois, région de vignoble en bordure de la Montagne Noire. Campé au confluent de deux rivières sur un éperon aride, en un site tourmenté, le village dut capituler devant les troupes de *Simon de Montfort*, qui avaient réussi à le priver d'eau en détruisant son unique puits. Les maisons solides, hautes et à toits plats, sont toujours dominées par la "candela", le donjon de l'ancien château. L'église romane renferme de précieux et rares vestiges du Ve siècle.

Au cœur des monts de l'Espinouse, La Salvetat-sur-Agout, bien que perché aussi, est cerné de pentes plus douces. Le village fut créé autour d'un prieuré au XIe siècle. Il conserve des vestiges de remparts et de vieilles maisons couvertes d'ardoise, comme Fraisse, un peu plus loin sur l'Agout.

Saint-Guilhem-le-Désert, à l'est de Lodève, est à juste titre l'un des villages les plus visités de la région. Coulée de maisons ocres aux toits de tuiles, Saint-Guilhem s'étire entre des falaises arides dans la gorge étroite du Verdus, petit affluent de l'Hérault. L'ancienne Gellone doit son nom actuel à *Guillaume*, comte de Toulouse et duc d'Aquitaine. En 804, séduit par la beauté austère et l'isolement du site, il fonde un monastère où il se retire quelques années plus tard pour terminer sa vie dans le recueillement. Mais *Guillaume d'Orange*, petit-fils de *Charles Martel* et compagnon de *Charlemagne*, s'est d'abord illustré dans l'art de la guerre – notamment face aux Sarrasins – comme le relate une chanson de geste. La popularité de son fondateur et la présence dans ses murs d'une relique de la Croix, offerte par l'empereur, font la renommée de l'abbaye.

Bram

Ce village de l'Aude s'élève à mi chemin entre Castelnaudary et Carcassonne. Il doit son plan parfaitement concentrique et ses rues étroites enserrant l'église à sa vocation de place forte au Moyen Age. Paisible bourg du Lauragais, il fut le cadre de terribles luttes au XIIIe siècle, aux pires heures de la répression des cathares.

Après les troubles du Xe siècle, elle se développe brillamment, étendant son influence et ses possessions tandis que le village prospère. Les pèlerins du Moyen Age y font étape sur la route de Compostelle ; à la même époque, entre le XIe et le XIIIe siècle, on attache au monastère puis au village le nom de *Guillaume*.

En 1569, Saint-Guilhem est investi par les protestants. L'abbaye, déjà en déclin depuis la pratique des commendes, est désertée. Elle est restaurée et retrouve son rayonnement à la fin des guerres de Religion puis les bâtiments sont démantelés sous la Révolution. Bien que les vestiges conventuels soient inscrits à l'inventaire des Monuments historiques dès 1840, c'est au milieu du XXe siècle seulement que l'on entreprend leur mise en valeur. Saint-Guilhem devient alors un rendez-vous des amateurs de sites spectaculaires et de ruelles pittoresques. Les hauteurs environnantes permettent de découvrir l'ensemble des terrasses et toitures s'étageant sous l'église et son cloître. Au long des rues étroites et des traverses, les maisons médiévales allient la robustesse de l'architecture cévenole aux ornements Renaissance : chapiteaux sculptés, fenêtres à meneaux ou portes aux linteaux ouvragés. Le village fut longtemps voué à la sériciculture.

L'élevage du ver à soie fut également répandu dans les Cévennes, comme à Saint-Jean-du-Gard, jolie petite ville des bords du Gardon. Si l'Aude est imprégnée du souvenir des luttes entre cathares et croisés, les Cévennes furent longtemps un lieu de conflit entre catholiques et camisards, nom donné aux protestants cévenols. Avant même la révocation de l'Édit de Nantes qui interdit leur culte en 1685, les nombreux réformés de la région furent victimes de persécutions, jusqu'aux terribles "dragonnades" organisées par *Louis XIV*. Les places de sûreté protestantes autorisées depuis près d'un siècle furent particulièrement touchées, tels Mas-Soubeyran ou Mialet. L'un des chefs des camisards naquit près d'Alès, au Mas-Soubeyran, où un musée évoque cette période sombre. Mialet, tout proche, conserve de vieilles maisons à l'allure solide, construites sur trois niveaux à l'époque où ses habitants élevaient des vers à soie. Le dernier étage leur était réservé, les hommes vivaient en-dessous, et le bas était occupé par l'étable et les réserves.

Racine séjourna dans sa jeunesse à Uzès, dans les Garrigues. Sa famille l'avait confié à un parent vicaire pour tenter de le détourner d'une carrière théâtrale.

Bien plus tard, *André Gide* vint y passer des vacances chez sa grand-mère paternelle. Près d'Uzès, la vallée de la Cèze possède de jolis villages comme Lussan, où l'on filait également autrefois la laine et la soie.

En remontant vers l'Auvergne, on passe dans les Cévennes lozériennes, bordées à l'ouest par les Grands Causses. Ces vastes plateaux calcaires où paissent les

brebis dissimulent ces merveilles tels les grottes de Dargilan ou l'aven Armand, aux concrétions fantasmagoriques. A l'est, le mont Lozère déploie ses reliefs, où les maisons se sont fondues dans le granit qui forme par endroit des chaos étonnants. Si la Lozère est le département le moins peuplé de France, elle ajoute à la beauté de ses paysages celle de villages comme La Canourgue ou Sainte-Énimie, construite sur les pentes abruptes des gorges du Tarn. *Énimie*, sœur de **Dagobert**, aurait fondé un monastère à proximité, dans le Gévaudan, après avoir été guérie de la lèpre par les eaux miraculeuses d'une source. Sur les bords du Lot, Mende, la seule grande ville de la région, a conservé de jolies ruelles anciennes autour de sa cathédrale.

Provence Côte d'Azur

"La Provence a visité, a hébergé tous les peuples. Et ils n'ont plus voulu se rembarquer. Le Grec, l'Espagnol, l'Italien (...) ont préféré les figues fiévreuses de Fréjus à celles d'Ionie ou de Tusculum", écrivait **Michelet**. Creuset où se sont mêlés tous les peuples méditerranéens, la Provence s'est nourrie de siècle en siècle de leur diversité. Elle est d'ailleurs, par son histoire, sa géographie, son relief, sa végétation et ses constructions, beaucoup plus complexe qu'on ne l'imagine généralement. C'est d'abord un bouquet de couleurs : blanc des pierres, des maisons et des garrigues, rouge des tuiles, bleu du ciel, argent des oliviers, jaune des mimosas, mauve de la lavande. Puis viennent les arômes, ceux des fleurs que les parfumeurs de Grasse transforment en fragrances, et des herbes qui relèvent la cuisine méridionale : thym (appelé ici farigoule) ou romarin. Elle évoque des collines brûlant sous le soleil, des villages baignés par le chant des cigales et l'accent des personnages de **Pagnol**. Mais la Provence est aussi un univers de montagne, celui des Alpes, d'une mer mythique, la Méditerranée, ourlée de plages et de criques, et des vastes étendues de la Camargue. Ici, les bastides, mas ou cabanons, faits de pierres sèches ou crépis d'ocre et couronnés de tuiles romaines, n'offrent que de petites ouvertures aux assauts du soleil et du mistral. Les haies de cyprès qu'on aperçoit de loin en loin tentent elles aussi d'enrayer la force de ce vent, qu'on appelle tramontane dès qu'il passe la frontière languedocienne.

Dans leur variété, les paysages provençaux ont en commun une âme façonnée par le climat et les hommes de la Méditerranée. "Ce n'est pas sans raison que la littérature du Midi, au XIIᵉ et au XIIIᵉ siècle, s'appelle la littérature provençale. On vit alors tout ce qu'il y a de subtil et de gracieux dans le génie de cette contrée. Mais la Provence entière (...) s'est rencontrée dans **Mirabeau**, le col du taureau, la force du Rhône", écrivait encore **Michelet**.

 Èze

Au cœur de la Riviera, entre Nice et Menton, le village domine la Méditerranée de quatre cents mètres de haut. Un sentier descendant jusqu'à la mer porte le nom de Frédéric Nietzsche, qui écrivit ici une partie de son Zarathoustra. Nous devons la beauté de ces villages perchés à la prudence des bâtisseurs d'autrefois. Il s'agissait, alors, de construire hors d'atteinte des pirates qui dévastaient la côte.

La cour des comtes de Provence et, au XVᵉ siècle, celle du *roi René* particulièrement, fut le lieu de tous les raffinements. Aix a conservé de son rôle de capitale provençale de beaux hôtels, bordant des rues et des places à découvrir au hasard d'une promenade. *Mirabeau* fut député de la ville "aux mille fontaines", où naquirent *Vauvenargues* et *Paul Cézanne*, qui y passa sa jeunesse. C'est au collège d'Aix qu'il prit sous sa protection un nouveau venu, *Émile Zola*. Une longue amitié suivit, et une précieuse correspondance. *Cézanne* revint fréquemment en Provence, parcourant les bords de l'Arc et la Montagne Sainte-Victoire. Il en a laissé des représentations célèbres, dont les ocres rouges devraient leur vérité à la terre qu'il prélevait sur la colline pour la mélanger à ses couleurs.

A l'ouest, après Marseille et l'étang de Berre, se déploient le delta du Rhône et la plaine de Camargue, née des alluvions charriées par le fleuve. Domaine des gardians, des manades et des chevaux, la Camargue offre une flore et une faune étonnantes. Chaque année en mai, le pèlerinage des Saintes-Maries-de-la-Mer attire des foules, dont beaucoup de Gitans venus rendre hommage à leur protectrice, *Sara*. En compagnie de ***Marie Jacobé*** et ***Marie Salomé***, **Sara**, dérivant sur un bateau sans voiles ni rames, aurait miraculeusement échoué sur ce rivage. On commémore l'événement par des cérémonies et des processions où apparaissent les costumes d'Arles, grande ville aux portes de la Camargue. Un peu à l'est, la chaîne des Albilles découpe ses crêtes arides, ses flancs blancs de calcaire parsemés de pins.

Après Fontvieille et le moulin de **Daudet**, les Baux-de-Provence apparaissent sur un éperon rocheux. Le village, aujourd'hui presque désert, s'est construit à l'ombre d'une vaste forteresse dont les ruines dégagent une atmosphère fantomatique. Habité dès le néolithique, le site était en lui-même une place forte, avant qu'une puissante famille provençale n'y dresse une citadelle au Moyen Age. Les seigneurs des Baux étendaient leur domination sur des dizaines de villes au XIe siècle. Leurs ambitions sans bornes firent mener aux habitants une vie mouvementée, allant de batailles en sièges jusqu'au XVe siècle. Les Baux passèrent alors aux mains du ***roi René*** qui y installa une cour d'amour réputée puis, la Provence étant devenue une possession du roi de France, le village put enfin connaître des jours paisibles.

Après Beaucaire et Tarascon, deux noms qui évoquent encore les récits de **Daudet**, on atteint Avignon, que l'écrivain décrit dans les *Lettres de mon moulin*. "Qui n'a pas vu Avignon du temps des Papes n'a rien vu. C'étaient le tic-tac des métiers à dentelles, les petits marteaux des ciseleurs de burettes, les tables d'harmonie qu'on ajustait chez les luthiers, les cantiques des ourdisseuses ; par là-dessus le bruit des cloches, et toujours quelques tambourins qu'on entendait ronfler, là-bas, du côté du pont."

Au nord du Comtat Venaissin, les ruelles de Séguret, proche des Dentelles de Montmirail, offrent une jolie promenade parmi ses maisons anciennes et ses fontaines. Comme, au pied du mont Ventoux, Malaucène et sa vieille église. Le mont Ventoux, montagne de craie balayée par le mistral, fut dans l'antiquité un lieu de culte dédié au dieu du vent. La beauté aride du site a séduit **Pétrarque**, qui se lança dans l'ascension de ses deux mille mètres.

Au XIXe siècle, **Fabre**, un entomologiste, passa sa vie entière à étudier la flore particulièrement variée qui couvre ses pentes. Le panorama saisissant qu'offre le sommet du mont Ventoux rappelle quelques lignes d'une nouvelle de **Daudet**, *Les Étoiles* : "Si vous avez jamais passé la nuit à la belle étoile, vous savez qu'à l'heure où nous dormons, un monde mystérieux s'éveille dans la solitude et le silence. Tous les esprits de la montagne vont et viennent librement." Au fil des saisons, les abords du mont s'animent de la même façon depuis des siècles : la transhumance des brebis au printemps, les lignes bleu-mauve des champs de lavande en été, les vendanges des côtes du Ventoux en automne, la cueillette des olives en hiver. Les villages de Brantes, Bédoin et Flassan échelonnent leurs maisons aux pierres ocres, leurs clochers, leurs petites places ombragées sur ses contreforts.

Au nord du plateau d'Albion, Montbrun-les-Bains, bien qu'appartenant à la Drôme, présente tous les caractères d'un village provençal. Depuis le sommet d'une colline dominée par les ruines d'un château, ses maisons s'étagent jusqu'à la plaine, piquée de cyprès. Le seigneur de Montbrun fut au XVIe siècle un protestant convaincu, qui fut exécuté pour s'être livré à des représailles contre les catholiques après la Saint-Barthélemy. Montbrun est aujourd'hui un havre de verdure dans cette région aride.

Roussillon

Au nord du Luberon, Roussillon domine le Val des Fées, cerné par les carrières d'ocre qui ont fait sa réputation. Toutes les nuances de l'ocre, du jaune pâle au rouge, colorent les façades du petit village aux maisons serrées. Passages voûtés et ruelles escarpées, tout ici inspire à flâner à l'abri du soleil provençal.

Mélange de forêt et de rocaille, le Luberon regorge de villages perchés sur un éperon rocheux, dressés dans un paysage où le pin, le micocoulier, le cèdre et l'olivier voisinent avec le thym, la lavande et le romarin des garrigues. La pierre un peu rosée des maisons, les rues sinueuses aux passages voûtés, les

parfums y distillent entre soleil et ombre tout le charme de la Provence. Ainsi Oppède-le-Vieux, Lourmarin, Ansouis et Lacoste, dont le *marquis de Sade* fut châtelain. A Ménerbes, s'étirant en longueur sur son promontoire, de belles maisons et quelques magnifiques hôtels entourent une citadelle qui fut très disputée durant les guerres de Religion. Depuis la vieille église, on peut apercevoir Gordes, accroché au rebord du plateau du Vaucluse. Gordes, construit autour d'un château d'origine médiévale, couronne une falaise. Ce château, remanié au XVIe siècle, avait séduit le peintre *Vasarely*, concepteur du cinétisme.

Depuis les années 1960, ses salles abritent un musée consacré à son œuvre. Vestige des anciennes murailles, un chemin de ronde permet d'embrasser du regard la plaine qui s'étend au pied du village, d'Apt à Cavaillon, et le mont Ventoux. Sériciculteurs et tisserands animaient autrefois la ville tandis que, aux alentours, on cultivait l'olivier et la garance; de cette dernière, on extrait une teinture rouge.

Un peu au sud s'élève le village des bories. Ces petites cabanes de pierres sèches, rondes, en forme de cônes, rectangulaires ou carrées ont servi, selon les époques, de refuge pendant les périodes de troubles, d'abri de passage aux bergers ou de remises. Elles sont répandues dans tout le sud de la France et dans le Lubéron notamment, mais les bories de Gordes ont la particularité de se présenter comme une vaste ferme. A l'intérieur d'une cour fermée, chacune a sa fonction déterminée : maison, four à pain ou dépendance. A quelques kilomètres se dresse l'un des chefs-d'œuvre de l'art cistercien, l'abbaye de Sénanque. *Pétrarque* vécut longtemps à proximité d'une autre merveille, naturelle celle-là, la résurgence de Fontaine-de-Vaucluse ; il ne pouvait se résoudre à s'éloigner de son impossible amour, *Laure*, dont beaucoup de ses poèmes célèbrent la beauté. Les façades de Roussillon, un peu à l'est, se parent de toute la gamme des couleurs de l'ocre, du jaune au rouge. Les carrières des environs exportent largement leur production hors de la région.

Entre la vallée de la Durance et l'aride montagne de Lure, le minuscule village de Lurs fut autrefois la résidence d'été des évêques de Sisteron. C'était alors une ville active, animée par les artisans et les bergers. Aujourd'hui, une Rencontre internationale d'Arts graphiques se tient chaque été à Lurs, aux belles maisons à encorbellements et aux petites places ombragées. Les romans de *Giono*, né à Manosque, sont imprégnés des paysages sauvages qui l'entourent – roches calcaires, ponctuées d'oliviers, de thym et de lavande – écrasés de soleil en été et parcourus par le mistral en permanence.

Moustiers-Sainte-Marie fut très renommé au XVIIIe siècle pour ses faïenceries. On peut admirer des pièces anciennes dans une superbe crypte aménagée en musée, ou visiter les boutiques et ateliers qui perpétuent la tradition. Fondé par une colonie de moines au Ve siècle, Moustiers est veillé par la chapelle Notre-Dame-de-Beauvoir, bâtie sur la falaise qui domine le village.

Simiane-la-Rotonde
La "rotonde" qui couronne Simiane est le vestige d'un château du XIIe siècle. Elle sert aujourd'hui de cadre à un festival de musique ancienne chaque été. Accrochées au flanc d'une colline, les rues du village s'ornent de portes ouvragées, d'entrées voûtées, de petites fenêtres aux volets clos sur le soleil provençal, tandis qu'alentour lavande et oliviers évoquent les paysages des romans de Giono.

Le chemin qui y mène permet de découvrir toute la beauté de ce site. Le lit d'un torrent coupe la falaise en deux ; tendue d'un bord à l'autre, une chaîne ornée d'une étoile aurait été posée là en remerciement par un chevalier à son retour de Terre Sainte. Des ponts enjambent le torrent qui court dans le village, des rues

étroites et des passages voûtés, des façades enduites de chaux, une église au clocher ajouré de fenêtres géminées... Moustiers possède tous les attraits du village-labyrinthe, posé entre une muraille minérale et la douceur de la campagne. Après avoir été la villégiature d'hiver des aristocrates au XIXe siècle,

la Côte d'Azur s'est couverte de constructions contestables au milieu du XXe siècle. Il fallait héberger les touristes venus goûter en masse les joies de la "Grande bleue". Mais la côte, et l'arrière-pays surtout, conservent heureusement des villages, des ports, et des plages de charme.

La corniche des Maures permet de découvrir Le Lavandou, petit port au nom parfumé, la belle plage de Pampelonne, proche de Ramatuelle, où repose *Gérard Philipe* ou Saint-Tropez, devenue Saint-Trop' lorsque, après *Colette* et *Cocteau*, les artistes en firent leur lieu de ralliement dans les années 1950.

Une autre route en corniche sillonne le massif de l'Esterel, entre Saint-Raphaël et Cannes. Des pinèdes escaladent ses reliefs tourmentés, bien que peu élevés, plongeant dans la mer en pointes et calanques. Autour de Juan-les-Pins et d'Antibes, les villes et les villages plantés sur les collines embaumées de mimosas ont accueilli

Renoir passa les dernières années de sa vie abrite aujourd'hui ses œuvres. Saint-Paul, près de Vence, est célèbre pour son musée d'art moderne, la fondation Maeght, installée dans un bâtiment rose et blanc sur la colline des Gardettes. Dans le village, l'auberge de la Colombe d'Or fut le rendez-vous des peintres depuis les années 1920 : *Signac*, *Soutine*, *Chagall* et bien d'autres y sont passés. Ses murs sont tapissés de leurs toiles, à côté des photographies de toutes les célébrités des lettres ou du cinéma qui ont fréquenté ces lieux.

Plus loin dans les terres, les ruelles en pente pavées de galets de Seillans ont séduit *Max Ernst*, qui y séjourna et y peignit. On retrouve ici le charme des villages perchés, comme à Gattières ou, plus à l'est, à Gourdon, véritable nid d'aigle près des gorges du Loup. Tourrette-sur-Loup, entre Grasse et Vence, s'est spécialisé dans la culture de la violette. Le village fortifié est lui aussi peuplé d'artisans et d'artistes séduits par un cadre merveilleux. Ces pitons rocheux étaient autrefois prisés pour la protection qu'ils offraient contre les attaques armées, aujourd'hui, ils le sont pour leur sérénité.

L'arrière-pays niçois regorge d'autres villages étonnants, tel Coaraze et sa place décorée de cadrans solaires dessinés par des artistes, dont *Cocteau*. Lucéram, avec ses escaliers raides, ses venelles ombragées rafraîchies par des fontaines, est bâti tout en hauteur. Pour gagner de l'espace, sur le rocher étroit qui lui sert de socle, on a souvent construit des pièces enjambant la rue au niveau du premier étage, les "pontis". Sospel, sur les rives de la Bévéra ; Peille, village médiéval bâti à flanc de colline ; Peillon, où se dresse parmi les calades la chapelle des Pénitents blancs, aux belles fresques du XVᵉ siècle ; Sainte-Agnès, au pied d'une falaise de calcaire rose... ces villages, pourtant proches de la côte, ont su éviter les ravages du tourisme.

Dans les terres, vers l'Italie, le Mercantour étire ses sommets jusqu'à plus de 2 000 mètres. Un parc national y abrite une faune et une flore de montagne particulièrement riches, dans un décor de cirques, de lacs et de torrents. La vallée des Merveilles, aux environs du mont Bégo, abrite quantité de gravures rupestres datant pour les plus anciennes de l'âge du Bronze. Au nord, le Queyras abrite le plus haut village d'Europe, Saint-Véran. Ses maisons de montagne anciennes, des chalets de bois construits à 2 000 mètres d'altitude, comportent une galerie à fourrage. Ses abords, domaine d'excursions l'été, se transforment l'hiver en pistes de ski.

une multitude de peintres. A Antibes, le musée Picasso présente les œuvres que le peintre réalisa dans la région et les céramiques qu'il créait à Vallauris. On peut retrouver au musée de la Photographie de Mougins, où il vécut également, de nombreux portraits de *Picasso* et des visiteurs qu'il recevait. A Cagnes-sur-Mer, la propriété où

Gordes

Les rues sinueuses de Gordes, aux maisons trapues, abritaient autrefois des sériciculteurs. Aux abords, parmi le thym, la lavande et le romarin des garrigues, on cultivait l'olivier et la garance. Depuis les années 1960, le château médiéval abrite un musée consacré à Vasarely, qui fut séduit par le site. Des vestiges du chemin de ronde, on admire la plaine qui s'étend au pied du village, d'Apt à Cavaillon, et le mont Ventoux.

Corse

La Corse, fragment de montagne qui surgit de la Méditerranée, culminant au nord à plus de 2 700 mètres, offre des paysages extraordinaires dont les reliefs coupés de vallées s'abaissent progressivement vers l'est et le sud. Des routes sinueuses à flanc de montagne, maquis, vignes, oliviers et pinèdes, une côte découpée de criques bordées de sable fin, des villages comme suspendus au bord de précipices... l'"île de beauté" ne pouvait porter meilleur surnom que le sien.

L'île fut très tôt l'objet de convoitises. Les Phéniciens y établissent des comptoirs, puis Étrusques et Carthaginois s'y succèdent avant que les Romains ne s'y implantent. Au début de notre ère, Rome y exile certains indésirables, ce sera notamment le sort de *Sénèque*. Après une longue période d'invasions diverses, la Corse échoit à Pise au XIᵉ siècle. Mais la république de Pise doit partager son autorité avec Gênes qui obtient, en 1284, la domination sur toute l'île. Cette prépondérance génoise durera près de cinq siècles, malgré de nombreux conflits. Les prétentions vénitiennes, aragonaises et françaises, mêlées à la volonté d'indépendance des insulaires, occasionnent jusqu'au XVIᵉ siècle des troubles permanents. Intégrée à la Couronne de France en 1557, la Corse revient à Gênes deux ans plus tard. Après avoir retrouvé une paix relative, le pays reste marqué par ces siècles de luttes et, au XVIIIᵉ siècle, la guerre d'Indépendance éclate, opposant Génois, Français et Corses. En 1735, les Corses se proclament indépendants sous la direction d'un triumvirat. La France reprend sa conquête, jusqu'à ce que, en 1768, les Génois lui cèdent l'île. Malgré une forte résistance menée par *Pascal Paoli*, la Corse prend le statut de département français en 1790. *Paoli* rentre d'exil pour tenter de nouveau d'obtenir l'indépendance en s'alliant avec l'Angleterre. Le royaume "anglo-corse" mis en place est en réalité sous domination anglaise. Les espoirs d'indépendance sont une fois de plus déçus et la France retrouve sa domination sur l'île tandis que le général *Bonaparte*, qui faillit naître italien à un an près, commence sa brillante carrière. Les divisions ne s'effacent pas pour autant, et les insurrections sont encore nombreuses jusqu'au début du XIXᵉ siècle.

Jusqu'à nos jours, des mouvements séparatistes ne cesseront de réclamer l'indépendance. La Corse a été partagée en 1975 en deux départements, Haute-Corse et Corse-du-Sud. En 1982, elle a acquis le statut particulier de collectivité territoriale.

Le Cap Corse, au nord, présente à l'ouest des massifs déchiquetés plongeant dans la mer ; à l'est, un rivage plus rectiligne et plus bas. Centuri-Port niche dans une anse de la côte ouest ses maisons de pêcheurs aux murs crépis de couleurs douces. Plus au sud, Nonza couronne un éperon rocheux aux pentes vertigineuses.

Piana

Ici, ce village apparaît dans toute la sérénité d'un site protégé entre mer d'azur et végétation parfumée, mais Piana est surtout célèbre pour la beauté de ses calanques, malgré tout auréolées d'une légende diabolique. Amoureux éconduit d'une bergère qui aurait repoussé ses avances avec l'aide de son mari, Satan aurait matérialisé sa colère sous forme de rochers gigantesques, pétrifiant, entre autres, le berger, la bergère et leur chien. Saint Martin, alerté par le vacarme, accourut et pria : le ciel l'écouta et envoya une gigantesque vague qui devint le golfe de Porto.

L'église est consacrée à *sainte Julie*, patronne de la Corse, qui naquit à Nonza. Les vestiges d'une tour génoise dominent le site ; ce genre de tours ponctue tout le littoral corse, si souvent exposé aux intrusions.

On retrouve à Saint-Florent, au sud du cap, une citadelle génoise érigée au XVᵉ siècle. Le petit port construit au fond d'un golfe cerné de montagnes abrite l'une des plus belles églises romanes de style pisan. Sur la côte opposée bordant la mer Tyrrhénienne, les maisons d'Erbalunga émergent à peine de l'eau, pressées les unes contre les autres.

Au sud du Cap Corse, Bastia, la plus grande ville, a conservé le charme du vieux port dont elle est née, autour du quartier de la "Terra-Vecchia".

Les collines pierreuses des Agriates étaient autrefois cultivées par les habitants du Cap Corse. De cette époque restent les "paillers", des cabanes de pierres sèches qui leur servaient de granges et ont ensuite abrité des bergers. C'est aujourd'hui le domaine du maquis, le "désert" que *Pierre Benoit* a décrit dans son roman *Le Désert des Agriates*, sillonné de sentiers qui évoquent la Corse de *Colomba*.

La Balagne fut dès le Moyen Age une région fertile et prospère. Le port de L'Ile-Rousse fut créé au XVIIIe siècle par *Pascal Paoli*. La place qui porte son nom, ombragée de platanes, est aujourd'hui le cœur d'une station balnéaire fréquentée.

Algajola a conservé ses fortifications et sa citadelle, comme Calvi, à la longue et riche histoire. L'animation de la longue plage bordée de pins et le port de plaisance installé dans une baie magnifique ont pris le relais de la pêche à la langouste.

Les habitations, comme c'est souvent le cas dans ces villages qui ne pouvaient s'étendre, ont été rehaussées au fur et à mesure des besoins de la famille, formant de hautes façades où viennent s'inscrire des passages voûtés. Speloncato, très proche, offre les mêmes rues pittoresques, comme Cateri ou Feliceto.

Au cœur de l'île, dans la montagne, Ghisoni s'étire dans une vallée d'accès difficile, à l'abri du Kyrie Eleison et du Christe Eleison, deux rochers nimbés de légende. Un peu au sud, sur les pentes du Monte Renoso, domaine des skieurs en hiver, des bergeries rappellent que les fromages de chèvre et de brebis, dont le fameux *brocciu*, sont des fleurons de la table corse. Aléria, sur la côte est, fut la capitale de la province romaine, après avoir été une cité phocéenne puis carthaginoise. Elle abrite d'importants vestiges antiques.

En Corse du Sud, le vaste golfe de Porto-Vecchio est cerné par des sites archéologiques, comme ceux d'Arraggio et de Torre. Plus loin dans les terres, l'oppidum de Cucuruzzu se dresse près de la forêt de Bavella, escaladant ces collines d'où se détachent les aiguilles de Bavella. Les villages de Quenza et Zonza, aux solides maisons de montagne, ont pour toile de fond ces rocs de granit aux formes étranges atteignant 1 600 mètres. A l'extrême sud, Bonifacio dresse ses falaises face aux côtes sardes. La vieille ville, abritée par une citadelle, presse autour de rues étroites ses maisons ornées de blasons, flanquées d'escaliers sans rampe selon la tradition corse, et se protégeant du soleil derrière des volets colorés. Sartène a le même cachet médiéval, dans un lacis de passages voûtés. La région est riche en mégalithes, dont les alignements de Pallaggiu qui en comptent une centaine. Mais le grand site préhistorique de l'île est Filitosa, mêlant aux menhirs et aux dolmens des pierres sculptées de figures humaines. Cette région est aussi le berceau de la vigne corse cultivée dès avant notre ère entre Propriano et Cargèse.

Ajaccio, bien sûr, évoque *Bonaparte*, dont la maison natale et le musée Napoléonien retracent l'épopée. Le porphyre rouge des îles Sanguinaires émerge face à la pointe de la Parata. Plus loin, il forme le Capo Rosso, bordant le golfe de Porto, classé patrimoine mondial par l'Unesco. Aux environs de Piana, le rivage se hérisse d'aiguilles rouges ou roses, modelées par l'érosion. Ce sont les "calanche", l'un des plus somptueux paysages de l'île, que surplombent le joli village de Piana et son église à campanile génois.

Escaladant les collines de l'arrière-pays, les villages perchés abondent en Balagne. L'un des plus remarquables est San'Antonino. Maisons et rochers de granit s'y confondent le long de ruelles pavées de galets, taillées parfois en escalier.

Lumio

Au cœur d'une région de hautes collines, Lumio domine le golfe de Calvi, capitale de la Balagne du nord que l'on a surnommée le "jardin de la Corse". Cerné d'oliviers, le village offre des points de vue magnifiques à quelques kilomètres du Monte Cinto, le plus haut sommet de l'île culminant à 2 710 mètres. Certains voient dans l'étymologie de Lumio le mot latin lumen : lumière, ce qui accréditerait l'hypothèse d'un temple dédié à Apollon, dieu du soleil et de la lumière, dans les soubassements de la petite église romane San Pietro et San Paolo, située à proximité du village.

La récolte des noix, en Corrèze.

Maurice BARRÈS

La magie des lieux

Il est des lieux qui tirent l'âme de sa léthargie, des lieux enveloppés, baignés de mystère, élus de toute éternité pour être le siège de l'émotion religieuse. L'étroite prairie de Lourdes, entre un rocher et son gave rapide ; la plage mélancolique d'où les Saintes-Maries nous orientent vers la Sainte-Baume ; l'abrupt rocher de la Sainte-Victoire tout baigné d'horreur dantesque, quand on l'aborde par le vallon aux terres sanglantes ; l'héroïque Vézelay, en Bourgogne ; le Puy de Dôme, les grottes des Eyzies, où l'on révère les premières traces de l'humanité ; la lande de Carnac, qui parmi les bruyères et les ajoncs dresse ses pierres inexpliquées ; la forêt de Brocéliande pleine de rumeur et de feux follets, où Merlin par les jours d'orage gémit encore dans sa fontaine ; Alise-Sainte-Reine et le mont Auxois, promontoire sous une pluie presque constante, autel où les Gaulois moururent aux pieds de leurs dieux ; le mont Saint-Michel, qui surgit comme un miracle des sables mouvants ; la noire forêt des Ardennes, tout inquiétude et mystère, d'où le génie tira, du milieu des bêtes et des fées, ses fictions les plus aériennes ; Domremy enfin, qui porte encore sur sa colline son Bois Chenu, ses trois fontaines, sa chapelle de Bermont, et près de l'église la maison de Jeanne. Ce sont les temples du plein air. Ici nous éprouvons soudain le besoin de briser de chétives entraves pour nous épanouir à plus de lumière. Une émotion nous soulève notre énergie se déploie toute, et sur deux ailes de prière et de poésie s'élance à de grandes affirmations.

Tout l'être s'émeut, depuis ses racines les plus profondes jusqu'à ses sommets les plus hauts. C'est le sentiment religieux qui nous envahit. Il ébranle toutes nos forces. Mais craignons qu'une discipline lui manque, car la superstition, la mystagogie, la sorcellerie apparaissent aussitôt, et des places désignées pour être des lieux de perfectionnement par la prière deviennent des lieux de sabbat. C'est ce qu'indique le profond Goethe, lorsque son Méphistophélès entraîne Faust sur la montagne du Hartz, sacrée par le génie germanique, pour y instaurer la liturgie sacrilège du Walpugisnachtstraum.

D'où vient la puissance de ces lieux ? La doivent-ils au souvenir de quelque grand fait historique, à la beauté d'un site exceptionnel, à l'émotion des foules qui du fond des âges y vinrent s'émouvoir ? Leur vertu est plus mystérieuse. Elle précéda leur gloire et saurait y survivre. Que les chênes fatidiques soient coupés, la fontaine remplie de sable et les sentiers recouverts, ces solitudes ne sont pas déchues de pouvoir. La vapeur de leurs oracles s'exhale, même s'il n'est plus de prophétesse pour la respirer. Et n'en doutons pas, il est de par le monde infiniment de ces points spirituels qui ne sont pas encore révélés, pareils à ces âmes voilées dont nul n'a reconnu la grandeur. Combien de fois, au hasard d'une heureuse et profonde journée, n'avons-nous pas rencontré la lisière d'un bois, un sommet, une source, une simple prairie, qui nous commandaient de faire taire nos pensées et d'écouter plus profond que notre cœur ! Silence ! Les dieux sont ici. Illustres ou inconnus, oubliés ou à naître, de tels lieux nous entraînent, nous font admettre insensiblement un ordre de faits supérieurs à ceux où tourne à l'ordinaire notre vie.

La Colline inspirée, Plon, 1913.

Nicolas BOILEAU

Haute-Isle, près La Roche-Guyon

Oui, Lamoignon, je fuis les chagrins de la ville.
Et contre eux la campagne est mon unique asile.
Du lieu qui m'y retient veux-tu voir le tableau ?
C'est un petit village, ou plutôt un hameau,
Bâti sur le penchant d'un long rang de collines,
D'où l'œil s'égare au loin dans les plaines voisines.
La Seine, au pied des monts que son flot vient laver,
Voit du sein de ses eaux vingt îles s'élever,
Qui, partageant son cours en diverses manières,
D'une rivière seule y forment vingt rivières.
Tous ses bords sont couverts de saules non plantés,
Et de noyers, souvent du passant insultés.
Le village, au-dessus, forme un amphithéâtre :
L'habitant ne connaît ni la chaux ni le plâtre,
Et dans le roc, qui cède et se coupe aisément,
Chacun sait de sa main creuser son logement.
La maison du seigneur, seule, un peu plus ornée,
Se présente au dehors, de murs environnée ;
Le soleil en naissant la regarde d'abord,
Et le mont la défend des outrages du Nord.
C'est là, cher Lamoignon, que mon esprit tranquille
Met à profit les jours que la Parque me file :
Ici, dans un vallon bornant tous mes désirs,
J'achète à peu de frais de solides plaisirs.
Tantôt, un livre en main, errant dans les prairies,
J'occupe ma raison d'utiles rêveries.
Tantôt, cherchant la fin d'un vers que je construis,
Je trouve au coin d'un bois le mot qui m'avait fui.
Quelquefois, aux appâts d'un hameçon perfide,
J'amorce en badinant le poisson trop avide ;
Ou, d'un plomb qui suit l'œil, et part avec l'éclair,
Je vais faire la guerre aux habitants de l'air.
Une table, au retour, propre et non magnifique,
Nous présente un repas agréable et rustique :
Là, sans s'assujettir aux dogmes de Broussain,
Tout ce qu'on boit est bon, tout ce qu'on mange est sain ;
La maison le fournit, la fermière l'ordonne ;
Et, mieux que Bergerat, l'appétit l'assaisonne.
O forturné séjour ! ô champs aimés des cieux !
Que pour jamais, foulant vos prés délicieux,
Ne puis-je ici fixer ma course vagabonde,
Et, connu de vous seuls, oublier tout le monde !

Epître VI, 1683.

Pierre BORDAS

En Haute-Corrèze

De mes premiers souvenirs, ce qui me reste le plus en mémoire, ce sont les vacances scolaires lorsque parents, frères et sœurs revenions en Corrèze, dans la grande maison que mon grand-père avait fait construire. Nous y retrouvions des cousins de notre âge, nos parties habituelles de pêche et de chasse, les randonnées cyclistes, les poursuites à travers champs.

Ussel-Neuvic-Égleton constitue pour moi un triangle sacré et magique. Il me plaît de revenir de ce coin de terre où j'ai passé mes plus belles heures. C'est un pays pauvre, plein de rudesse, puissamment vallonné : forêts et taillis, croupes de bruyère, pacages d'herbes folles bordés de fougères et de genêts y alternent ; des landes découvertes et herbeuses, où poussent des bouleaux aux troncs blancs et aux feuilles tremblantes, lui donnent une sérénité mélancolique. Des villages anciens groupent des maisons lourdes, aux toits de chaume ; ils portent des noms qui semblent venus d'un autre monde : Pellasiauve, Auchebis, Pinchelimore, Combressol, Ambouérime, Lestauvert. Au fond de l'horizon, au nord-ouest, le mur bleu des monts d'Auvergne. Dans les creux des vallées, des ruisseaux ou des rivières aux eaux légères, frémissantes de truites, elles se faufilent parfois entre d'énormes rochers arrondis. Au cours de mes voyages (nombreux lorsque j'étais commissaire à la Transat), j'ai rencontré souvent des apatrides ; cent fois, je les ai entendus me confier : « Vous ne connaissez pas votre bonheur d'avoir une patrie. Une patrie, c'est un père et une mère réunis dans la même personne ». J'idéalise sans doute la Corrèze, ma terre sainte, en me laissant envahir par la nostalgie de mes années vertes. Rêve, réalité ou souvenir enjolivé, je la retrouve en ce moment, telle que je l'aime, vivace et lumineuse.

Mon grand-père Bordas avait bourlingué avant de se fixer à Palisse. Dès l'âge de quatorze ans, comme presque tous les garçons du pays, il était parti chercher fortune : les uns se plaçaient comme marchands de drap, les autres comme garçons de café ; lui avait loué ses bras et son savoir agricole en Belgique, en Hollande, puis en Allemagne. À son retour, il avait constitué « un bien » d'un seul tenant, au centre du bourg, en réunissant quelques parcelles éparses : un champ où poussaient le blé (à la vérité, du seigle), qui servait à faire le pain, du blé noir pour nourrir la volaille et les cochons, et pour confectionner les galettes que nous appelions des « pompes », des pommes de terre enfin, destinées aux hommes et aux bêtes. Voisinait, contigu, un pré toujours vert, irrigué par des « serres » (réservoirs) où se déversait aussi le purin de l'écurie ; bâtie en contre-haut du pré, elle abritait, outre les cochons, quatre ou cinq vaches. Chacune donnait un veau par an, que l'on allait vendre à la foire de Neuvic. Pâturait, là aussi, une ânesse quelque peu ombrageuse, que nous n'osions pas trop approcher, la Polka.

Au-dessus de l'écurie, une bâtisse, qui me paraissait immense, ouvrait sur la route. On y engrangeait le blé en gerbe et le foin chargé de toutes les senteurs de l'été et de l'automne. Ce parfum, tout ensemble fort et subtil, qui nous enivrait, et que je retrouve, en l'évoquant ici, combien d'enfants de cette fin de siècle l'auront-ils connu ? Mon grand-père, beau garçon particulièrement costaud, avait bénéficié, quand il était rentré au pays, du prestige d'avoir voyagé, mais aussi d'avoir amassé un petit magot, qui lui avait permis de se constituer son petit domaine. Il avait épousé l'institutrice du pays, ma grand-mère, une des premières maîtresses d'école, installées par Jules Ferry, le créateur, dans les années 1880, de l'école laïque, gratuite et obligatoire pour tous.

L'édition est une aventure, Éditions de Fallois, 1997.

Alphonse DAUDET

L'Alsace

Comment s'appelaient-ils tous ces jolis villages alsaciens que nous rencontrions espacés au bord des routes ? Je ne me rappelle plus aucun nom maintenant, mais ils se ressemblent tous si bien surtout dans le Haut-Rhin, qu'après en avoir tant vus à différentes heures, il me semble que je n'en ai vu qu'un ; la grande rue, les petits vitraux encadrés de plomb, enguirlandés de houblon et de roses, les portes à claire-voie où les vieux s'appuyaient en fumant leurs grosses pipes, où les femmes se penchaient pour appeler les enfants sur la route... Le matin, quand nous passions, tout cela dormait. A peine entendions-nous remuer la paille des étables ou le souffle haletant des chiens sous les portes. Deux lieues plus loin, le village s'éveillait. Il y avait un bruit de volets ouverts, de seaux heurtés, de ruisseaux emplis ; lourdement les vaches allaient à l'abreuvoir en chassant les mouches avec leurs longues queues. Plus loin encore, c'était toujours le même village, mais avec le grand silence des après-midi d'été, rien qu'un bourdonnement d'abeilles qui montaient en suivant les branches grimpantes jusqu'au faîte des chalets, et la mélopée traînante de l'école. Parfois, tout au bout du pays, un petit coin non plus de village, mais de province, une maison blanche à deux étages avec une plaque d'assurance toute neuve et reluisante, des panonceaux de notaire ou une sonnette de médecin. En passant on entendait une valse au piano, un air un peu vieilli tombant des persiennes vertes sur la rue ensoleillée. Plus tard, au crépuscule, les bestiaux rentraient, on revenait des filatures. Beaucoup de bruit, de mouvement. Tout le monde sur les portes, des bandes de petits blondins dans la rue, et les vitres allumées par un grand rayon du couchant, venu on ne sait d'où.

Ce que je me rappelle encore avec bonheur, c'est le village alsacien, le dimanche matin, à l'heure des offices ; les rues désertes, les maisons vides avec quelques vieux qui se chauffent au soleil devant leur porte ; l'église pleine, les vitraux colorés par ces jolis tons mourants et roses qu'ont les cierges au grand jour, le plain-chant entendu par bouffées au passage, et un enfant de chœur en soutane écarlate traversant lestement la place, tête nue, l'encensoir à la main, pour aller chercher du feu chez le boulanger...

Quelquefois aussi nous restions des journées entières sans entrer dans un village. Nous cherchions les taillis, les chemins couverts, ces petits bois grêles qui bordent le Rhin et où sa belle eau verte vient se perdre dans les coins de marécage tout bourdonnant d'insectes. De loin en loin, à travers le mince réseau des branches, le grand fleuve nous apparaissait chargé de radeaux, de barques toutes pleines d'herbages coupés dans les îles, et qui semblaient elles-mêmes de petites îles éparpillées, emportées par le courant. Puis c'était le canal du Rhône au Rhin avec sa longue bordure de peupliers joignant leurs pointes vertes dans cette eau familière et comme privée, emprisonnée d'étroites rives. Çà et là, sur la berge, une cabane d'éclusier, des enfants courant pieds nus sur les barres de l'écluse, et, dans les jaillissements d'écume, de grands trains de bois qui s'avançaient lentement en tenant toute la largeur du canal. Après, quand nous avions assez de zigzags et de flâneries, nous reprenions la grand-route droite et blanche, plantée de noyers aux ombres fraîches et qui monte vers Bâle, la chaîne des Vosges à sa droite, le Schwartzwald de l'autre côté.

Contes du Lundi, 1873.

Alphonse DAUDET

Le phare des Sanguinaires

Figurez-vous une île rougeâtre et d'aspect farouche ; le phare à une pointe, à l'autre une vieille tour génoise où, de mon temps, logeait un aigle. En bas, au bord de l'eau, un lazaret en ruine, envahi de partout par les herbes ; puis, des ravins, des maquis, de grandes roches, quelques chèvres sauvages, de petits chevaux corses gambadant la crinière au vent ; enfin là-haut, tout en haut, dans un tourbillon d'oiseaux de mer, la maison du phare, avec sa plate-forme en maçonnerie blanche, où les gardiens se promènent de long en large, la porte verte en ogive, la petite tour de fonte, et au-dessus la grosse lanterne à facettes qui flambe au soleil et fait de la lumière même pendant le jour... Voilà l'île des Sanguinaires. C'était dans cette île enchantée qu'avant d'avoir un moulin j'allais m'enfermer quelquefois, lorsque j'avais besoin de grand air et de solitude.

Ce que je faisais ? Ce que je fais ici, moins encore. Quand le mistral ou la tramontane ne soufflaient pas trop fort, je venais me mettre entre deux roches au ras de l'eau, au milieu des goélands, des merles, des hirondelles, et j'y restais presque tout le jour dans cette espèce de stupeur et d'accablement délicieux que donne la contemplation de la mer. Vous connaissez, n'est-ce pas, cette jolie griserie de l'âme ? On ne pense pas, on ne rêve pas non plus. Tout votre être vous échappe, s'envole, s'éparpille. On est la mouette qui plonge, la poussière d'écume qui flotte au soleil entre deux vagues... cette perle d'eau, ce flocon de brume, tout excepté soi-même... Oh ! que j'en ai passé dans mon île de ces belles heures de demi-sommeil et d'éparpillement !

Les jours de grand vent, le bord de l'eau n'étant pas tenable, je m'enfermais dans la cour du lazaret, une petite cour mélancolique, toute embaumée de romarin et d'absinthe sauvage, et là, blotti contre un pan de vieux mur, je me laissais envahir doucement par le vague parfum d'abandon et de tristesse qui flottait avec le soleil dans les logettes de pierre, ouvertes tout autour comme d'anciennes tombes.

Vers cinq heures, le porte-voix des gardiens m'appelait pour dîner. Je prenais alors un petit sentier dans le maquis grimpant à pic au-dessus de la mer, et je revenais lentement vers le phare, me retournant à chaque pas sur cet immense horizon d'eau et de lumière qui semblait s'élargir à mesure que je montais.

Là-haut c'était charmant. Je vois encore cette belle salle à manger à larges dalles, à lambris de chêne, la bouillabaisse fumant au milieu, la porte grande ouverte sur la terrasse blanche et tout le couchant qui entrait... Les gardiens étaient là, m'attendant pour se mettre à table. Il y en avait trois, un Marseillais et deux Corses, tous trois petits, barbus, le même visage tanné, crevassé, le même *pelone* (caban) en poil de chèvre, mais d'allure et d'humeur entièrement opposées. Le Marseillais, industrieux et vif, toujours affairé, toujours en mouvement, courait l'île du matin au soir, jardinant, pêchant, ramassant des œufs de *gouailles*, s'embusquant dans le maquis pour traire une chèvre au passage ; et toujours quelque aïoli ou quelque bouillabaisse en train. Les Corses, eux, en dehors de leurs service, ne s'occupaient absolument de rien ; ils se considéraient comme des fonctionnaires, et passaient toutes leurs journées dans la cuisine à jouer d'interminables parties de scopa, ne s'interrompant que pour rallumer leurs pipes d'un air grave et hacher avec des ciseaux, dans le creux de leurs mains, de grandes feuilles de tabac vert...

Lettres de mon moulin, 1869.

Gustave FLAUBERT

En Corse

A Vico on commence à connaître ce que c'est qu'un village de la Corse. Situé sur un monticule, dans une grande vallée, il est dominé de tous les côtés par des montagnes qui l'entourent en entonnoir : le système montagneux de la Corse à proprement parler, n'est point un système ; imaginez une orange coupée par le milieu, c'est là la Corse. Au fond de chaque vallée, de temps en temps un village, et pour aller au hameau voisin il faut une demi-journée de marche et passer quelquefois trois ou quatre montagnes. La campagne est partout déserte ; où elle n'est pas couverte de maquis, ce sont des plaines, mais on n'y rencontre pas plus d'habitations, car le paysan cultive encore son champ comme l'Arabe : au printemps il descend pour l'ensemencer, à l'automne il revient pour faire la moisson ; hors de là il se tient chez lui sans sortir deux fois par an de son rocher où il vit sans rien faire, paresseux, sobre et chaste. Vico est la patrie du fameux Théodore dont le nom retentit encore dans toute la Corse avec un éclat héroïque ; il a tenu douze ans le maquis, et n'a été tué qu'en trahison. C'était un simple paysan du pays, que tous aimaient et que tous aiment encore. Ce bandit-là était un noble cœur, un héros. Il venait d'être pris par la conscription et il restait chez lui attendant qu'on l'appelât ; le brigadier du lieu, son compère, lui avait promis de l'avertir à temps, quand un matin la force armée tombe chez lui et l'arrache de sa cabane au nom du roi. C'était le compère qui dirigeait sa petite compagnie et qui, pour se faire bien voir sans doute, voulut, le mener rondement et prouver son zèle pour l'État en faisant le lâche et le traître. Dans la crainte qu'il ne lui échappât il lui mit les menottes aux mains en lui disant : « Compère, tu ne m'échapperas pas », et tout le monde vous dira encore que les poignets de Théodore en étaient écorchés. Il l'amena ainsi à Ajaccio où il fut jugé et condamné aux galères. Mais après la justice des juges, ce fut le tour de celle du bandit. Il s'échappa donc le soir même et alla coucher au maquis ; le dimanche suivant, au sortir de la messe, il se trouva sur la place, tout le monde l'entourait et le brigadier aussi, à qui Théodore cria du plus loin et tout en le mirant : « Compère, tu ne m'échapperas pas ». Il ne lui échappa pas non plus, et tomba percé d'une balle au cœur, première vengeance. Le bandit regagna le maquis d'où il ne descendait plus que pour continuer ses meurtres sur la famille de son ennemi et sur les gendarmes, dont il tua bien une quarantaine. Le coup de fusil parti il disparaissait le soir et retournait dans un autre canton. Il vécut ainsi douze hivers et douze étés, et toujours généreux, réparant les torts, défendant ceux qui s'adressaient à lui, délicat à l'extrême sur le point d'honneur, menant joyeuse vie, recherché des femmes pour son bon cœur et sa belle mine, aimé de trois maîtresses à la fois. L'une d'elles, qui était enceinte lorsqu'il fut tué, chanta sur le corps de son amant une ballata que mon guide m'a redite. Elle commence par ces mots : « Si je n'étais pas chargée de ton fils et qui doit naître pour te venger, je t'irais rejoindre, à mon Théodore ! »

Son frère était également bandit, mais il n'en avait ni la générosité ni les belles formes. Ayant mis plusieurs jours à contribution un curé des environs, il fut tué à la fin par celui-ci qui, harassé de ses exactions, sut l'attirer chez lui, et sauta dessus avec des hommes tenus en embuscade. La sœur du bandit, attirée par le bruit de tous ces hommes qui se roulaient les uns sur les autres, entra aussitôt dans le presbytère. Le cadavre était là, elle se rua dessus, elle s'agenouilla sur le corps de son frère, et agenouillée, chantant une ballata avec d'épouvantables cris, elle suça longtemps le sang qui coulait de ses blessures.

Il ne faut point juger les mœurs de la Corse avec nos petites idées européennes. Ici un bandit est ordinairement le plus honnête homme du pays et il rencontre dans l'estime et la sympathie populaire tout ce que son exil lui a fait quitter de sécurité sociale. Un homme tue son voisin en plein jour sur la place publique, il gagne le maquis et disparaît pour toujours. Hors un membre de sa famille, qui correspond avec lui, personne ne sait plus ce qu'il est devenu. Ils vivent ainsi dix ans, quinze ans, quelquefois vingt ans. Quand ils ont fini leur contumace ils rentrent chez eux comme des ressuscités, ils reprennent leur ancienne façon de vivre, sans que rien de honteux ne soit attaché à leur nom. Il est impossible de voyager en Corse sans avoir affaire avec d'anciens bandits, qu'on rencontre dans le monde, comme on dirait en France. Ils vous racontent eux-mêmes leur histoire en riant, et ils s'en glorifient tous plutôt qu'ils n'en rougissent ; c'est toujours à cause du point d'honneur, et surtout quand une femme s'y trouve mêlée, que se déclarent ces inimitiés profondes qui s'étendent jusqu'aux arrière petits-fils et durent quelquefois plusieurs siècles, plus vivaces et tout aussi longues que les haines nationales.

Quelquefois ils font des serments à la manière des barbares, qui les lient jusqu'au jour où la vengeance sera accomplie. On m'a parlé d'un jeune Corse dont le frère avait été tué à coup de poignard ; il alla dans le maquis à l'endroit où on venait de déposer le corps, il se barbouilla de sang le visage et les mains, jurant devant ses amis qu'il ne les laverait que le jour où le dernier de la famille ennemie serait tué. Il tint sa parole et les extermina tous jusqu'aux cousins et aux neveux.

J'ai vu aujourd'hui, à Isolacio, chez le capitaine Lausaler où je suis logé, un brave médecin des armées de la République dont le fils s'est enfui en Toscane et qui lui-même a été obligé de quitter le village où il habitait. Sa fille s'était laissé séduire par le père de l'enfant qui néanmoins reconnaissait son fils, mais il refusait de lui donner son nom en se mariant avec la pauvre fille. Il joignit même l'ironie à l'outrage en assurant qu'il allait bientôt faire un autre mariage et en ridiculisant en place publique la famille de sa maîtresse, si bien qu'un jour le fils de la maison a vengé l'honneur de son nom, comme un Corse se venge, en plein soleil et en face de tous. Pour lui, il s'est enfui sur la terre d'Italie, mais son père et ses parents, redoutant la vendetta, ont émigré dans le Fiumorbo. (...)

On retrouve en Corse beaucoup de choses antiques : caractère, couleur, profils de têtes. On pense aux vieux bergers du Latium en voyant ces hommes vêtus de grosses étoffes rousses ; ils ont la tête pâle, l'œil ardent et couleur de suie, quelque chose d'inactif dans le regard, de solennel dans tous les mouvements ; vous les rencontrez conduisant des troupeaux de moutons qui broutent les jeunes pousses des maquis, l'herbe qui pousse dans les fentes du granit des hautes montagnes ; ils vivent avec eux, seuls dans les campagnes, et le soir quand on voyage, on voit tout à coup leurs bêtes sortir d'entre les broussailles, çà et là sous les arbres, et mangeant les ronces. Éparpillés au hasard, ils font entendre le bruit de leurs clochettes qui remuent à chacun de leurs pas dans les broussailles. A quelque distance se tient leur berger, petit homme noir et trapu, véritable pâtre antique, appuyé tristement sur son long bâton. A ses pieds dort un chien fauve. La nuit venue, ils se réunissent tous ensemble et allument de grands feux que du fond des vallées on voit briller sur la montagne. Toutes les côtes chaque soir sont ainsi couronnées de ces taches lumineuses qui s'étendent dans tout l'horizon. J'ai vu dans toutes les forêts que j'ai traversées de grands pins calcinés encore debout, qu'ils allument sans les abattre pour passer la nuit autour de ces bûches de cent pieds. Ils reçoivent le baudet qui vient tranquillement se réchauffer à leur feu et ils attendent ainsi le jour tout en dormant ou en chantant. J'ai été surtout frappé de la physionomie antique du Corse dans un jeune homme qui nous a accompagnés le lendemain jusqu'à Guagno. Il était monté sur un petit cheval qui s'emportait à chaque instant sous lui ; son bonnet rouge brun retombait en avant comme un bonnet de la liberté. Une seule ligne seulement, interrompue par un sourcil noir faisant angle droit, s'étendait depuis le haut du front jusqu'au bout du nez ; bouche mince et fine, barbe noire et frisée comme dans les camées de César ; menton carré : un profil de médaille romaine.

Par les Champs et par les Grèves, 1847/1848.

Jean GIONO

Dans le Dauphiné

Mens est un bourg un peu plus gros que nos villages, parce qu'il est installé à l'aise dans une cuvette mollement courbée et que la terre y est plus facile et de meilleure volonté qu'ici. Il a dû y avoir, là, d'abord, quelques gros paysans (car ça commence toujours par nous). Les récoltes devaient être trop importantes pour ces familles-là. Elles devaient avoir à manger de reste et les artisans sont venus. Ça a été tout de suite une entente de plain-pied et bien amicale car, de la même façon qu'il faut du blé (et entendons-nous une fois pour toutes, quand je dis : blé, je veux dire nourriture, tout ce qui nourrit ; mais je dis ce mot intentionnellement car, tout le monde a vu des tas de blé et je veux dire ainsi dans ce petit mot de trois lettres « fourmillement de nourriture » comme les tas de blé dans lesquels il y a des millions et des millions de grains) donc, de la même façon qu'il faut du blé, il faut des souliers, des vestes de drap, des fers pour les chevaux, des serrures pour les portes, des châles pour les femmes et pour les filles, des faiseurs d'outils, des gens qui travaillent la matière, des artisans, et même celui qui joue de l'accordéon ou de la flûte, qui crée quelque chose. Et je parle précisément de celui-là pour qu'on sache que, moi, paysan, je peux apprécier aussi le travail de l'esprit (celui qui ne se voit pas, comme dirait le courtier). Et j'en ai plus besoin que tout le monde, et c'est d'ailleurs pour ça que j'accueille à ma table avec tant de joie - et que toute ma famille est là pour l'accueillir et le fêter- le chanteur ou celui qui joue d'un instrument de musique, ou bien le poète. Et nous avons par exemple des bergers qui ont le don de raconter des histoires ; eh bien, nous les aimons. Nous avons parfois, dans nos confréries paysannes, des fermiers ou de petits propriétaires qui ont ce que nous appelons « la tête héroïque » et ceux-là font des poésies, ils les écrivent sur de petits bouts de papier et ils les récitent, ou bien on les fait réciter aux enfants pour les baptêmes et les mariages. Nous apprécions beaucoup tous ces hommes-là, nous les écoutons volontiers parler, car tout n'est pas gai, même dans la plus paisible des joies, et l'on a parfois besoin de quelques paroles un peu alcoolisées. Et nous parlions des baptêmes ! C'est là qu'on a besoin de chansons et de musiques ! Quand la commère porte l'enfant à travers les champs, comme pour lui faire voir tout le grand domaine - je veux parler de ce domaine sans limite qui appartient à tous les enfants - la commère a mis ses petits souliers, et l'on dirait qu'elle ne sait plus marcher dans les labours. Alors là, quand on a un violon qui chante, ou une flûte ou tout ce que vous voudrez, piston ou clarinette, ça fait rudement bien au grand soleil avec tous ces pas soudain accordés qui font comme une danse de gros oiseaux - à cause des grandes couleurs des costumes de dimanche. Et pour les mariages, puisqu'on parle de danses ? Toutes ces jupes à fleurs, tous ces cotillons blancs pleins de festons, toute cette crème de linges blancs sous les jupes des femmes et barattée par les belles jambes des femmes, à ras de l'herbe, sous les châtaigniers pendant que la musique joue. Et vous me direz : « Ce sont des musiciens de villages » mais nous vous dirons : « Nous accepterions les autres. Et ce serait peut-être plus honorable, et plus profitable - pour ce qui est de la grande santé - à tous ces célèbres musiciens de travailler en pensant à notre générosité de cœur au lieu de travailler pour une ville comme Paris qui est ce que nous pourrions appeler une ville de lésine. »

Et pour la mort - les mystères - quand quelqu'un s'assoit sur la chaise à côté de celle où vous êtes abattu. Puis il se met à parler et l'espérance revient dans votre cœur, comme la révolution printanière du blé.

Artisans de toutes les sortes, il faut des créateurs.

Ainsi, peu à peu, à la place des quelques femmes il y a eu le bourg qui est une agglomération de créateurs. Il est encore composé de ça, maintenant. Quand nous avons besoin de souliers ou de vestes ; c'est là que nous allons les faire faire. Et nous savons que, de préférence, il faut aller chez ce tailleur qui est près de la vieille halle car il a comme un don pour tailler le velours, et jamais une veste ne pèse ou ne gêne ; alors que si on va chez celui qui habite en face la gendarmerie on n'est jamais sûr qu'il fasse quelque chose d'honnête ; parfois ça va ; d'autres fois il n'y a rien à faire, les vestes sont dures à porter comme si elles étaient en marbre (ce qui prouve que ça n'est pas si facile que ça ce faire une veste et que c'est vraiment un don - très précieux - car, justement, celui qui est si habile, c'est un ivrogne, et quand il travaille il est comme fou, et l'autre c'est un monsieur très bien. Alors, il faut bien croire que c'est très précieux de savoir faire les vestes. N'y arrive pas qui veut).

Mais toi, courtier, qu'est-ce que tu fais dans ce bourg dont les vieilles rues sont si douces quand le soir tombe ? Ayant été construites pour le travail artisanal, pour la paix artisanale. Pour nous qui habitons la campagne, notre charrette nous attend, là-bas sur le cours, et le cheval est attaché au tronc d'un tilleul. Il va falloir rentrer. Nous passons dans ces rues, et elles ont une douceur que tu ne peux pas imaginer. Parce qu'elles sont seulement éclairées par les boutiques ; avec ces différentes lumières que demandent les corps de métier. La lampe rouge du cordonnier, avec son gros abat-jour sur lequel il a collé en ombre chinoise de petits bonshommes découpés dans les images du journal : ministres, généraux, évêques. Il leur a donné des poses ridicules. Nous nous arrêtons pour le regarder, lui qui bat son cuir ou coud sa trépointe. Puis, de là, il y a un long morceau d'ombre non éclairé où l'on devine des portes de maisons. Là-dedans habitent nos collègues les paysans de la petite ville et les ouvriers qui travaillent aux carrières de glaise. Après, vient la lueur blanche de la boutique du quincaillier avec tous ses reflets de fer-blanc. On l'entend, lui, là-bas au fond de son atelier, en train de marteler ce que nous savons être des seaux à puits. Et nous pouvons dire pour qui ils sont, et dans quel puits ils vont descendre, et quelle eau ils remonteront et quels bras tireront la chaîne. C'est peu de chose mais ça nous lie à beaucoup de choses. Nous voyons le tailleur assis sur sa planche -justement celui qui est un peu fou - et il tire son bras en l'air avec le fil au bout des doigts, et ainsi, avec sa grosse bouche ouverte sous ses moustaches rousses il a l'air d'être très étonné de ce qui est sur ses genoux. Puis il a abaissé son bras, et, non, il est en train de coudre. Ainsi, tout le long de cette rue sombre, si douce à notre cœur de paysan et à notre solitude paysanne dont nous ne pouvons jamais complètement guérir, nous recevons l'amicale salutation de la camaraderie artisanale. Et nous arrivons à ta boutique à toi. Car tu es installé dans l'ancienne boutique d'un coiffeur. Tu as simplement enlevé l'enseigne et à la place de ce qui était l'indication d'un métier, tu as mis ton nom. Tu as gratté les vitres, tu as mis dessus : « Courtage, commissions » et des tas d'autres choses, et puis tu as passé à moitié ces vitres au blanc de savon pour qu'on ne voie pas ce qu'il y a derrière. Et dans la partie qui est restée claire on voit descendre le fil de la lampe électrique. Alors, si nous nous approchons et si nous regardons par-dessus le blanc de savon, nous voyons que la boutique est vide. Il y a seulement une table sous la lampe et, sur la table, des papiers, des bottins, un appareil de téléphone et parfois toi, en train d'écrire.

Les vraies richesses, Grasset, 1937.

Victor HUGO

La Champagne

C'est une puissante et robuste province que la Champagne. Le comte de Champagne était le seigneur du vicomte de Brie, laquelle Brie n'est elle-même, à proprement parler, qu'une petite Champagne, comme la Belgique est une petite France. Le comte de Champagne était pair de France et portait au sacre la bannière fleurdelisée. Il faisait lui-même royalement tenir ses états par sept comtes qualifiés pairs de Champagne qui étaient les comtes de Joigny, de Rethel, de Braine, de Roucy, de Brienne, de Grand-Pré et de Bar-sur-Seine.

Il n'est pas de ville ou de bourgade en Champagne qui n'ait son originalité. Les grandes communes se mêlent à notre histoire ; les petites racontent toutes quelque aventure. Reims, qui a la cathédrale des cathédrales, Reims a baptisé Clovis après Tolbiac. Troyes a été sauvé d'Attila par saint Loup, et a vu en 878 ce que Paris n'a vu qu'en 1804, un pape sacrant en France un empereur, Jean VIII couronnant Louis le Bègue ; c'est à Attigny que Pépin, maire du palais, tenait sa cour plénière d'où il faisait trembler Gaifre, duc d'Aquitaine ; c'est à Andelot qu'eut lieu l'entrevue de Gontran, roi de Bourgogne, et de Childebert, roi d'Austrasie, en présence des leudes ; Hincmar s'est réfugié à Épernay ; Abailard, à Provins ; Héloïse, au Paraclet ; il a été tenu un concile à Fismes ; Langres a vu dans le Bas-Empire triompher les deux Gordiens, et, dans le Moyen Age, ses bourgeois détruire autour d'eux les sept formidables châteaux de Changey, de Saint-Broing, de Heuilly-Coton, de Gobons de Bourg, de Humes et de Pailly ; Joinville a conclu la ligue en 1584 ; Châlons a défendu Henri IV en 1591 ; Saint-Dizier a tué le prince d'Orange ; Doulevant a abrité le comte de Moret ; Bourmont est l'ancienne ville forte des Lingons ; Sézanne est l'ancienne place d'armes des ducs de Bourgogne ; Ligny-l'Abbaye a été fondée par saint Bernard, dans les domaines du seigneur de Châtillon, auquel le saint promit, par acte authentique, autant d'arpents dans le ciel que le sire lui en donnait sur la terre ; Mouzon est le fief de l'abbé de Saint-Hubert, qui envoyait tous les ans au roi de France « six chiens de chasse courants et six oiseaux de proie pour le vol » ; Chaumont est le pays naïf où l'on espère être diable à la Saint-Jean pour payer ses dettes ; Château-Porcien est la ville que le roi ne pouvait ni vendre ni aliéner ; Clairvaux avait sa tonne comme Heidelberg ; Villenauxe avait la statue de la reine Pédauque ; Arconville a encore le tas de pierres du Huguenot, que chaque paysan grossit d'un caillou en passant ; les signaux de Mont-Aigu répondaient à vingt lieues de distance à ceux de Mont-Aimé ; Vassy a été brûlée deux fois, par les Romains en 211, et en 1544 par les Impériaux, comme Langres par les Huns en 351 et par les Vandales en 407, et comme Vitry par Louis VII au douzième siècle et par Charles Quint au seizième. Sainte-Menehould est cette noble capitale de l'Argonne, qui, vendue par un traître au duc de Lorraine, Charles II, ne s'est pas livrée ; Carignan est l'ancienne Ivoi ; Attila a élevé un autel à Pont-le-Roi ; Voltaire a eu un tombeau à Romilly.

Vous le voyez, l'histoire locale de toutes ces villes champenoises, c'est l'histoire de France ; en petits morceaux, il est vrai, mais pourtant grande encore.

La Champagne garde l'empreinte de nos vieux rois. C'est à Reims qu'on les couronnait. (…) La Champagne garde la trace de Napoléon. Il a écrit avec des noms champenois les dernières pages de son prodigieux poème.

Le Rhin, 1838.

Alphonse de LAMARTINE

Milly, près de Mâcon

Pourquoi le prononcer ce nom de la patrie ?
Dans son brillant exil mon cœur en a frémi ;
Il résonne de loin dans mon âme attendrie,
Comme les pas connus ou la voix d'un ami.
Montagnes que voilait le brouillard de l'automne,
Vallons que tapissait le givre du matin,
Saules dont l'émondeur effeuillait la couronne,
Vieilles tours que le soir dorait dans le lointain,

Murs noircis par les ans, coteaux, sentier rapide,
Fontaine où les pasteurs accroupis tour à tour
Attendaient goutte à goutte une eau rare et limpide,
Et, leur urne à la main, s'entretenaient du jour,

Chaumière où du foyer étincelait la flamme,
Toit que le pèlerin aimait à voir fumer,
Objets inanimés avez-vous donc une âme
Qui s'attache à notre âme et la force d'aimer ?

La vie a dispersé, comme l'épi sur l'aire,
Loin du champ paternel les enfants et la mère,
Et ce foyer chéri ressemble aux nids déserts
D'où l'hirondelle a fui pendant de longs hivers !
Déjà l'herbe qui croît sur les dalles antiques
Efface autour des murs les sentiers domestiques,
Et le lierre, flottant comme un manteau de deuil,
Couvre à demi la porte et rampe sur le seuil ;
Bientôt peut-être... ! écarte, ô mon Dieu ! ce présage !
Bientôt un étranger, inconnu du village,
Viendra, l'or à la main, s'emparer de ces lieux
Qu'habite encore pour nous l'ombre de nos aïeux,
Et d'où nos souvenirs des berceaux et des tombes
S'enfuiront à sa voix, comme un nid de colombes
Dont la hache a fauché l'arbre dans les forêts,
Et qui ne savent plus où se poser après !

Harmonies poétiques et religieuses, 1830.

Prosper MÉRIMÉE

Vézelay

La petite ville de Vézelay est bâtie sur un rocher calcaire qui s'élève abruptement au milieu d'une vallée profonde, resserrée par des collines disposées en amphithéâtre. On découvre d'assez loin les maisons sur une pente rapide, qu'on prendrait pour les degrés d'un escalier, des restes de fortifications en terrasse, et surtout l'église, qui, placée sur le point culminant de la montagne, domine tous les environs. Je venais de traverser des bois bien plantés, par une route commode, au milieu d'une nature sauvage, que l'on admire sans être distrait par les cahots. Le soleil se levait. Sur le vallon régnait encore un épais brouillard percé çà et là par les cimes des arbres. Au-dessus apparaissait la ville, comme une pyramide resplendissante de lumière. Par intervalles, le vent traçait de longues trouées au milieu des vapeurs, et donnait lieu à mille accidents de lumière, tels que les paysagistes anglais en inventent avec tant de bonheur. Le spectacle était magnifique, et ce fut avec une prédisposition à l'admiration que je me dirigeai vers l'église de la Madeleine.

La première vue du monument me refroidit un peu. La façade offre une ancienne restauration gothique, maladroitement ajoutée aux parties basses, qui appartiennent au style roman. La tour de gauche a été renversée par les protestants en 1569 ; pendant la Révolution, les bas-reliefs des tympans ont été détruits ; et pour que le XIXe siècle ne le cède pas au vandalisme, on vient d'élever au-dessus de la tour qui reste une espèce d'observatoire octogone, en forme de tente, de l'aspect le plus ridicule.

D'après ce qui reste, il est facile de se faire une idée de cette façade, telle qu'elle était lors de la construction primitive : trois portes principales cintrées, avec des archivoltes et des tympans richement sculptés, étaient précédées d'une montée de quelques gradins. Deux tours carrées, médiocrement élevées, encadraient la façade, et se réunissaient par une galerie, dont quelques parties subsistent encore dans la tour de droite. Au-dessus de cette galerie, suivant toute apparence, s'élevait un fronton triangulaire.

Plus tard, c'est-à-dire vers la fin du XIIIe siècle, les tours ont été exhaussées d'un étage, et percées de longues ogives trilobées ; ce n'est, je crois, qu'à la fin du XIVe siècle qu'on a remplacé le gâble roman par une espèce de grand fronton à jour, qui n'a jamais été terminé, et qui produit un effet d'autant plus pitoyable que la démolition de la tour de gauche le laisse isolé, comme un chambranle de fenêtre, qui resterait debout séparé des murailles qui l'encadraient. Ce fronton est en forme d'ogive, et surmonté d'une accolade ou ogive à contre-courbe. Quatre meneaux perpendiculaires, de style anglais, le divisent, et donnent lieu à cinq fenêtres en ogive, trilobées, d'inégale grandeur, disposées de manière à former un groupe pyramidal. Des statues colossales s'adossent à ces meneaux. Au-dessus sont d'autres fenêtres bouchées, ou plutôt des niches, plus larges et moins hautes, trilobées aussi, où d'autres statues figurent comme autant de soldats dans leurs guérites. Tout cela est enchâssé dans le grand chambranle ogival dont j'ai parlé. Bien que cette construction soit massive, elle n'a l'air rien moins que solide, ce qui augmente encore l'impression désagréable qu'elle produit. Souvent dans les édifices gothiques on voit réunie à une prodigieuse hardiesse l'apparence de la solidité, et c'est la perfection. Ici, tout au contraire, la base du fronton est à jour et le haut est plein, ce qui me semble un contresens, du même genre qu'une pyramide placé sur sa pointe. On craint que l'équilibre naturel ne se rétablisse par un changement du centre de gravité, c'est-à-dire que le portail ne vous tombe sur la tête.

Voyage dans le Midi de la France, 1835.

Jules MICHELET

Présentation de la France

Le vrai point de départ de notre histoire doit être une division politique de la France, formée d'après sa division physique naturelle. L'histoire est d'abord toute géographie. Nous ne pouvons raconter l'époque féodale ou provinciale (ce dernier nom la désigne aussi bien), sans avoir caractérisé chacune des provinces. Mais il ne suffit pas de tracer la forme géographique de ces diverses contrées, c'est surtout par leurs fruits qu'elles s'expliquent, je veux dire par les hommes et les événements que doit offrir leur histoire. Du point où nous nous plaçons, nous prédirons ce que chacune d'elles doit faire et produire, nous leur marquerons leur destinée, nous les doterons à leur berceau.

Et d'abord contemplons l'ensemble de la France, pour la voir se diviser d'elle-même.

Montons sur un des points élevés des Vosges, ou, si vous voulez, au Jura. Tournons le dos aux Alpes. Nous distinguerons (pourvu que notre regard puisse percer un horizon de trois cents lieues) une ligne onduleuse, qui s'étend des collines boisées du Luxembourg et des Ardennes aux ballons des Vosges ; de là, par les coteaux vineux de la Bourgogne, aux déchirements volcaniques des Cévennes et jusqu'au mur prodigieux des Pyrénées. Cette ligne est la séparation des eaux. Du côté occidental, la Seine, la Loire et la Garonne descendent à l'Océan ; derrière s'écoulent la Meuse au nord, la Saône et le Rhône au midi. Au loin, deux espèces d'îles continentales, la Bretagne, âpre et basse ; simple quartz et granit, grand écueil placé au coin de la France pour porter le coup des courants de la Manche ; d'autre part, la verte et rude Auvergne, vaste incendie éteint avec ses quarante volcans.

Les bassins du Rhône et de la Garonne, malgré leur importance, ne sont que secondaires. La vie forte est au nord. Là s'est opéré le grand mouvement des nations. L'écoulement des races a eu lieu de l'Allemagne à la France dans les temps anciens. La grande lutte politique des temps modernes est entre la France et l'Angleterre. Ces deux peuples sont placés front à front comme pour se heurter ; les deux contrées, dans leurs parties principales, offrent deux pentes en face l'une de l'autre ; ou si l'on veut, c'est une seule vallée dont la Manche est le fond. Ici, la Seine et Paris ; là, Londres et la Tamise. Mais l'Angleterre présente à la France sa partie germanique ; elle retient derrière elle les Celtes de Galles, d'Écosse et d'Irlande. La France, au contraire, adossée à ses provinces de langue germanique (Lorraine et Alsace), oppose un front celtique à l'Angleterre. Chaque pays se montre à l'autre par ce qu'il a de plus hostile.

L'Allemagne n'est point opposée à la France, elle lui est plutôt parallèle. Le Rhin, l'Elbe, l'Oder vont aux mers du Nord, comme la Meuse et l'Escaut. La France allemande sympathise d'ailleurs avec l'Allemagne sa mère. Pour la France romaine et ibérienne, quelle que soit la splendeur de Marseille et de Bordeaux, elle ne regarde que le vieux monde de l'Afrique et de l'Italie, et d'autre part le vague Océan. Le mur des Pyrénées nous sépare de l'Espagne, plus que la mer ne la sépare elle-même de l'Afrique. Lorsqu'on s'élève au-dessus des pluies et des basses nuées jusqu'au port de Vénasque, et que la vue plonge sur l'Espagne, on voit bien que l'Europe est finie ; un nouveau monde s'ouvre : devant, l'ardente lumière de l'Afrique ; derrière, un brouillard ondoyant sous un vent éternel.

Tableau de la France, 1833.

Denis *TILLINAC*

Auriac, novembre 1989

Il pleut, le vent hurle dans la gorge ; les gris du ciel, des murs, des toits de lauzes se confondent.

C'est un village posé sur le plateau de Xaintrie (« terre des saints » en celte selon certains érudits, « terre des lointains » selon d'autres), aux marches de l'Auvergne et du Limousin, enclos par les gorges de la Dordogne et de la Maronne. « Pays improbable », avait écrit Jean-Paul Kauffmann dans *Le Matin*, après son premier séjour. (...)

Il l'avait découverte en hiver, et aimée pour ce qu'elle est : un fouillis de verdure semé de clochers trapus, saturée d'humidité, offrant partout au regard les lignes des monts d'Auvergne bleutées au couchant, chapeautées de neige jusqu'à Pâques. Il était revenu souvent, seul ou en famille. Il me parlait beaucoup du Liban. Une fierté empreinte de tristesse m'a envahi en lisant le texte de sa première cassette : il évoquait Auriac entre quelques lieux privilégiés, symboles du bonheur perdu. Aussi le jour de ses retrouvailles avec le village restera-t-il pour moi historique. À chacun sa chronologie.

Je viens de traverser la place. Presque tous les volets sont clos. Le schiste ici rase les pâquerettes : la nécessité de l'exil est inscrite dans notre géologie. Depuis des lustres, les gens du plateau font leur malle pour aller gagner leur pain. Ils ouvrent un bistrot à Paris, un négoce de meubles dans l'Est. Ou bien ils passent les concours pour en finir avec la peur de manquer. Chaque village a ses antennes dans la capitale, un port d'attache ailleurs. Parodions Vialatte : le Massif central produit des volcans, des fromages, des avants de rugby, des hommes politiques et des immigrés.

Surtout des immigrés. Une Corrèze *bis* s'est épanouie à Paris autour de l'Hôtel de Ville et de l'agence Havas dont les locataires, Jacques Chirac et Pierre Dauzier, ne sont pas oublieux de leurs origines. Comme tous les membres de la diaspora, ils reviennent aux vacances. Pendant deux mois, nos maisons de famille sont ouvertes ; les Auriacois de Genève, d'Anvers, de Monaco, de Lyon, de Charleville, du Havre, de Bellême et de la région parisienne se retrouvent devant les cantous pour commémorer les étés de jadis chez les grand-mères - ces femmes en noir, veuves de 14-18, aperçues par Malraux devant les tombes de leurs morts.

À l'automne, le village renoue avec sa langueur. Ceux qui restent regardent la télé, appellent au téléphone la fille postière à Villetaneuse, le fils agent du fisc ou prof de gym à Béthune. Débute pour eux une longue plage de solitude, ponctuée d'enterrements : les jeunes sont partis à la ville, les vieux partent au cimetière, précédés de deux draps de velours noir tenus aux quatre coins par les voisins, accompagnés par les gens du bourg et de ses hameaux. Chaque hiver emporte deux ou trois témoins de la France d'autrefois ; mon enfance s'éloigne d'autant.

L'Occident rural agonise dans l'indifférence. Sur cette place de l'église, il y avait encore, quand j'étais gosse, deux boulangers, un boucher, un forgeron, un cordonnier, un restaurant, un sabotier qui faisait aussi des quilles de bois, et la boule pour les dégommer. J'ai connu les jours de batteuse où tous les hommes du village se retrouvaient autour du monstre, tantôt dans une ferme, tantôt dans une autre. J'ai même vu battre le blé au fléau, comme faisaient les paysans de Jacques Callot. Les vieux ne parlaient que le patois (pardon : l'occitan) ou un français malhabile traduit du patois. « Tu es crugne », déplorait ma grand-mère ; ça voulait dire, à peu de chose près, que j'avais le spleen.

Chacun possédait quelques vaches, que des enfants menaient au pacage à la tombée du jour. Car il y avait encore des enfants à demeure, plusieurs classes dans l'école et un instit qui consignait les loupiots à l'heure du caté pour embêter le curé.

Mon village est mort en trente ans - les « trente glorieuses » des manuels d'économie. L'épicière- boulangère dont la verve animait la place du village vient de fermer boutique. Restent l'autre épicerie, dans le haut du bourg, dont les tenanciers n'ont plus vingt ans, et, autour du clocher, un bistrot où les retraités viennent boire leur mélancolie.

Restent des pierres pour attester que des hommes ont bivouaqué ici depuis la préhistoire. Obélix a planté un menhir dans une forêt de chênes, les Romains ont baptisé l'endroit avec le concours du suffixe celte (ac). Les bénédictins ont édifié un prieuré et un gros donjon que les huguenots puis les sans-culottes raccourcirent. La féodalité a creusé des souterrains. Ils resserviront à la prochaine guerre civile. La plupart des maisons datent du second Empire, époque faste pour l'agriculture. Le monument aux morts signale un déficit de virilité à partir de 1918 : trente-cinq disparus. Sans compter les estropiés. Quatre morts en 40, un seul en Algérie, un autre en Indochine, mais le mal démographique était fait. La IVᵉ République a semé dans les hameaux des écoles de ciment aujourd'hui inutiles, la Vᵉ a établi un lotissement autour d'un plan d'eau, et une salle des fêtes, où l'hiver on tape la belote et organise les poules au gibier. L'été, les jeunes du camping la transforment en discothèque. Ceux qui restent au village ou y remontent le week-end sont juste assez nombreux pour former une équipe de foot. Il m'arrive encore de faire le onzième, c'est tout dire.

Paris, la province, un village : trois univers distincts, trois façons de vivre pour un Occidental, trois repères pour un écrivain. Ça donne du champ ; ça permet d'apprécier sur place ce qu'on gagne au loto du changement, ce qu'on y perd, et ce qui reste au bout du compte. On voit la « modernité » par les trois bouts de la lorgnette. A Paris, elle fanfaronne ; en province, elle chemine à pas comptés ; au village, elle pose des télés dans les cantous, des Hollandais dans les campings. Les mots n'ont pas le même.poids, ni les idées la même résonance. Il faut savoir traduire les uns, convertir les autres. C'est toute une gymnastique. Corrézien à Paris, villageois ou parigot à Tulle, citadin à Auriac : je réunis trois ethnologues dans ma personne. Ils se sont mutuellement vaccinés contre le bucolisme, le provincialisme et le parisianisme.

S'il est vrai que tout écrivain a un compte à régler avec le temps, j'ai des regrets à profusion pour arroser mes racines. S'il faut se décentrer pour savoir qui on est, dans quel monde on vit et avec quoi il rime, mes valises sont toujours prêtes. Les Corréziens vadrouillent par nécessité. On peut voyager loin quand la cagnotte affective est placée à la banque d'un paysage intime. Où qu'on aille, quoi qu'il advienne, elle ne risque aucune dévaluation, et l'« identité » n'est sujette à aucune caution. En vérité, on s'en désintéresse. On sait de quoi l'on procède et sous quel caveau s'achèvera la comédie : la question du « moi » perd beaucoup de son acuité. Autant de gagné...

La Corrèze et le Zambèze, Robert Laffont, 1990.

Alfred de VIGNY

La Touraine

Connaissez-vous cette contrée que l'on a surnommée le jardin de la France, ce pays où l'on respire un air si pur dans les plaines verdoyantes arrosées par un grand fleuve ? Si vous avez traversé, dans les mois d'été, la belle Touraine, vous aurez long-temps suivi la Loire paisible avec enchantement ; vous aurez regretté de ne pouvoir déterminer, entre les deux rives, celle où vous choisirez votre demeure, pour y oublier les hommes auprès d'un être aimé. Lorsque l'on accompagne le flot jaune et lent du beau fleuve, on ne cesse de perdre ses regards dans les riants détails de la rive droite. Des vallons peuplés de jolies maisons blanches qu'entourent des bosquets, des coteaux jaunis par les vignes ou blanchis par les fleurs du cerisier, de vieux murs couverts de chèvrefeuilles naissants, des jardins de roses d'où sort tout à coup une tour élancée, tout rappelle la fécondité de la terre ou l'ancienneté de ses monuments, et tout intéresse dans les œuvres de ses habitants industrieux. Rien ne leur a été inutile : il semble que, dans leur amour d'une aussi belle patrie, seule province de France que n'occupa jamais l'étranger, ils n'aient pas voulu perdre le moindre espace de son terrain, le plus léger grain de son sable. Vous croyez que cette vieille tour démolie n'est habitée que par des oiseaux hideux de la nuit. Non. Au bruit de vos chevaux, la tête riante d'une jeune fille sort du lierre poudreux, blanchi sous la poussière de la grande route ; si vous gravissez un coteau hérissé de raisins, une petite fumée vous avertit tout à coup qu'une cheminée est à vos pieds ; c'est que le rocher même est habité, et que des familles de vignerons respirent dans ses profonds souterrains, abritées dans la nuit par la terre nourricière qu'elles cultivent laborieusement pendant le jour. Les bons Tourangeaux sont simples comme leur vie, doux comme l'air qu'ils respirent, et forts comme le sol puissant qu'ils fertilisent. On ne voit sur leurs traits bruns ni la froide immobilité du Nord, ni la vivacité grimacière du Midi ; leur visage a, comme leur caractère, quelque chose de la candeur du vrai peuple de saint Louis ; leurs cheveux châtains sont encore longs et arrondis autour des oreilles comme les statues de pierre de nos vieux rois ; leur langage est le plus pur français, sans lenteur, sans vitesse, sans accent ; le berceau de la langue est là, près du berceau de la monarchie.

Mais la rive gauche de la Loire se montre plus sérieuse dans ses aspects : ici, c'est Chambord que l'on aperçoit de loin et qui, avec ses dômes bleus et ses petites coupoles, ressemble à une grande ville de l'Orient ; là, c'est Chanteloup, suspendant au milieu de l'air son élégante pagode. Non loin de ces palais, un bâtiment plus simple attire les yeux du voyageur par sa position magnifique et sa masse imposante : c'est le château de Chaumont. Construit sur la colline la plus élevée du rivage de la Loire, il cache ce large sommet avec ses hautes murailles et ses énormes tours ; de longs clochers d'ardoise les élèvent aux yeux, et donnent à l'édifice cet air de couvent, cette forme religieuse de tous nos vieux châteaux, qui imprime un caractère plus grave aux paysages de la plupart de nos provinces. Des arbres noirs et touffus entourent de tous côtés cet ancien manoir, et de loin ressemblent à ces plumes qui environnaient le chapeau du roi Henri ; un joli village s'étend au pied du mont, sur le bord de la rivière, et l'on dirait que ses maisons blanches sortent du sable doré.

Cinq Mars, 1826.

Les cabanes du Breuil, en Dordogne.

LA FRANCE DIVISÉE EN SES DOUZE ANCIENS GOUV

Isle de France

Picardie

Champagne

Bourgogne

Dauphiné

Provence

Languedoc

Guienne

Orleanois

Bretagne

Normandie

Lionnois

Les 12 Anciens Gouvernem.ts du Royaume ainsi quils furent assemblez aux Etats du Royaume en 1614.

1 l'Isle de France

a Pour Gouverneur le Duc d'Etrées. C'est la plus belle et la plus riche Province du Royaume. Bonheur quel a d'estre le sejour du Roy, et de toute le sejour de la Cour, et d'avoir Paris pour sa Capitale, la residence de la plus part des beaux Esprits du Royaume, en dit assez pour comprendre son avantage sur les autres Provinces.

l'Isle de France pour sa Capital	Paris Arch.e
Brie Françoise	Lagni
Hurepois	Melun
Gatinois	Nemours
Mantois	Mante
Vexin Francois	Pontoise
Beauvaisis	Beauvais
Valois	Crepi
Soissonnois	Soissons
Laonnois	Laon

La Picardie

a Pour Gouverneur le Duc d'Elbeuf. cette Province n'a jamais ete alienée du domaine de la Couronne. Elle est abondante en grains et en fruits, les peuples y sont francs, civils, courageux, officieux, mais sujets a se mettre en colere un peu trop facilement. Il y a aussy dans cette Province beaucoup de Noblesse et de bons Soldats.

2	
Amienois	Amiens
Soissonnois	Soisson
Laonnois	Laon } a present reunie a l'Isle de Fran
Ponthieu	Abeville
Vimeux	S.t Valery
Boulonnois	Boulogne
Senterre	Peronne
Vermandois	S.t Quentin
Tierache	Guise
Pays Reconquis	Calais

La Champagne

a Pour Gouverneur le Prince de Rohan. c'est une tres belle Province, abondante en bléd et en betail. on célèbre ses vins qui sont recherchez pour les tables des Princes et des Grands Seigneurs. Il y a de tres belles plaines abondantes en paturage et du côté du Nord, de grandes forests qui entretiennent toute sorte de gibier.

3	
la Champ.e propre	Troye
Remois	Reims
Parthois	S.t Dizier
Rethelois	Rhetel
Vallage	Joinville
Bassigni	Langres
Senonois	Sens
Brie Champenoise	Provins Meaux
Princ.te de Sedan	Sedan

La Bourgogne

a Pour Gouverneur le Duc de Bourbon. Elle est considerable par sa grandeur, et sa fertilite, ayant plus de 50. lieües du Septentrion au midi. On la nome ordinairement la mere des bleds et des vins. ses paturages nourrissent un grand nombre de bestiaux. Elle a de quoy faire bonne chasse dans ses forêts. Il y a aussi des mines de fer.

4	
Dijonnois	Dijon
Autunois	Autun
Chalonnois	Chalons
Pais des Mont.ne	Châtillon
Auxois	Semeur
Auxerrois	Auxerre
Charolois	Charoles
Briennois	Semur
Maconnois	Macon
Bresse	Bourg
Bugey	Bellay
Bailliage de Gex	Gex
Principauté de Dombes	Trevoux

Le Dauphiné

a Pour Gouverneur le Duc de la Feuillade. c'est une des belles Provinces du Royaume, on y est laborieux, on y cultive tout jusqu'au haut des montagnes où il croit des plantes excellentes. Dans les vallées il y a du bléd, du vin, et des fruits en abondance; il y a dans les forêts de toute sorte de gibier. on divise cette Province en haut et Bas Dauphiné.

5	
Gresivaudan	Grenoble
Diois	Die
Les Baronies	Le Buys
Gapencois	Gap
Ambrunois	Ambrun
Brianconnois	Briançon
Viennois	Vienne
Valentinois	Valence
Tricastin	S.t Paul

La Provence

a Pour Gouverneur le Duc de Vendôme. Elle est fertile en bons vins, en huile, en safran, en figues, amandes, citrons, oranges, et grenades. Tout y est fertile, excepté quelques montagnes où il y a ordinairement de bons paturages, les fruits y sont delicieux. Il y a des salines qui sont d'un grand revenu, les rivieres abondent en poissons, le gibier y est commun.

6	
Diocese d'Aix	Aix
Diocese de Riez	Riez
de Senez	Senez
de Digne	Digne
d'Arles	Arles
de Marseille	Marseille
de Toulon	Toulon
de Frejus	Frejus
de Grace	Grace
de Vence	Vence
de Glandeve	Glandeve
de Cisteron	Cisteron
d'Apt	Apt
Com.te Venaissin	Avignon
Princ.te d'Orange	Orange

Le Languedoc

a Pour Gouverneur le Duc du Maine: c'est une des plus considerables Provinces du Royaume, on y vit aisement et a bon marché parce que les bleds, les bons fruits, et les vins exquis y abondent: toute sorte de Gibier s'y trouve en abondance, il y a quantité de mines metalliques; le Pastel dont on se sert pour les teintures luy est particulier.

7	
Toulousan	Toulouze
Albigeois	Albi
Lauragais	Castelnaudary
Comt.e de Foix	Foix
Roussillon	Perpignan
Quartier de	Narbonne
Quartier de	Besiers
Quartier de	Nismes
Vivarois	Viviers
Cevennes	Mande
Velay	Puy

La Guienne

a Pour Gouverneur le Duc de Chevreuse. cette Province par elle même est tres riche et plus encore par le Comerce que la Garone y attire. Les etrangers y apportent leurs Marchandises et puis chargent leurs vaisseaux des vins que cette Province fournit en quantité. L'air y est assez doux, et le terroir assez fertile, en bled; les côtes sont steriles n'etant que des bruieres et des landes qui servent de paturage.

8	
Guienne propre	Bourdeaux
Bazadois	Bazas
Agenois	Agen
Condomois	Condom
Xaintonge	Xaintes
Perigord	Perigueux
Limosin	Limoges
Quercy	Cahors
Rouergue	Rhodez

l'Orleanois

a Pour Gouverneur le Marquis d'Antin. Il est abondant en vins dont il fournit Paris et beaucoup de villes du Royaume. C'est un des plus agreables pais de la France et le Gouvernement le plus étendu. Orleans qui est sa capitale s'est renduë fameuse par le siège que les Anglois en formèrent en 1417. et par le secours qu'elle receut de Jeanne d'Arc dit. la pucelle d'Orleans.

9	
Orleanois propre	Orleans
La Beauce	Chartres
Le Bloisois	Blois
Le Perche	Nogent
Le Maine	Le Mans
l'Anjou	Angers
Le Poitou	Poitiers
l'Aunis	La Rochelle
Angoulmois	Angoulesme
Touraine	Tours
Le Gatinois	Montargis
Berri	Bourgs
Nivernois	Neyers
Les Isles d'	Oleron & de Rez &c.

La Bretagne

a Pour Gouverneur le Comte de Touloufe. c'est une Province assez fertile; elle a des grains, du chanvre et un peu de vin: des fruits en quantite. Il y a aussi beaucoup de bestiaux, et beaucoup d'excellens poissons, on y voit les meilleurs ports de toute la France qui y entretient le comerce et l'abondance de toutes choses, on y fait un grand comerce de beure, de toile, de cordage et de Sel.

10	
Divisées par Eveschez sçav.	
Ev. de Rennes	Rennes
Ev. de Nantes	Nantes
de S.t Malo	S.t Malo
de Dol	Dol
de S.t Brieux	S.t Brieux
de Trequier	Trequier
de S.t Paul	S.t Paul
de Quimper	Quimper
de Vannes	Vannes

La Normandie

a Pour Gouverneur le Duc de Luxembourg. Elle est une des belles Provinces de France. Excepté le vin toutes les choses de la vie y sont autant qu'on le peut souhaiter. Il en est sorti de grands hommes dans toute sorte de Professions; la terre y est fertile en bleds, en paturages, en chanvre, en bois et en fruits au defaut du vin on y boit du cidre et de la biere. les Normans peuples de Danemark et Norvegue s'y etablirent en 912.

11	
Archevesché de Rouën	
Vexin Norm.	Rouen
Roumois	Quillebeuf
Caux	Diepe
Brai	La Ferté
Ev. de Lisieux	Lisieux
Ev. de Baieux	Baieux
Ev. de Coutance	Coutance
E. d'Avranche	Avranche
Ev. de Seez	Seez
Ev. d'Evreux	Evreux

Le Lionnois

a Pour Gouverneur le Duc de Villeroy. c'est sans contredit le plus beau païs du Monde, il y a abondamment tout ce qui peut contribuer aux comoditez et même aux delices de la vie. Lion est une tres belle ville. On regarde l'Hôtel de ville comme un des plus beaux ouvrages d'architecture qui soit dans l'Europe; ses Eglises, ses Palais et ses places sont Magnifiques.

12	
Le Lionnois propre	Lion
Forest	Montbrison
Beaujolois	Beaujeu
Bourbonnois	Moulins
Auvergne	Clermont
La Marche	Guere

...veaux Gouvernements formés en partie des Anciens et des Conquestes de la France.

belle ville du ...ouverneur le ...t Contient ...12. Faubourgs ...56. Ruës ...3000 Maisons ...200000. Ames ...ra porter les armes	**13** Pour la nouritu...e de tant de peup... es a tue tous les ...is environ ...2000. Porcs 2000. Vaches 2000. Beuf 2000. Veaux 2000. Moutons	On compte enco re dans cette gran...de Ville 23 places publiques 17. Portes

25
Le Marché
Dans le Lionnois a pour Gouverneur le Marquis de St Germain Beaupré, c'est un païs fertile arrosé de plusieurs rivieres.

Le Comté de Marche a pour Capital — Gueret

...de Foix ...eur le Marqis ...habitans y ...rivileges, ils sont ...bons soldats et ...rompts .	**14** Le Comté de Foix a pour Capitale	Foix

26
Le Berri
a Pour Gouverneur le Comte d'Aubigni. Cette Province est arrosée de petites rivieres qui en font un assez bon Païs: il y a 3e...aucoup de pâturage et de bétail.

Le Berri a pour Capital — Bourgs

...asse Navarre ...eur le Duc de ...deux Provinces ...ouvernement: ...erile que par ...t l'industrie de	**15** Le Bearn La Basse Navarre	Pau St Jean de Pied de Port

27
La Touraine
a Pour Gouverneur le Marquis d'Angeau. C'est une si belle Province qu'on l'apelle le Jardin de la France on célèbre ses bons fruits: il y a beaucoup de blé et de grands vignobles .

La Touraine a pour Ville Capitale — Tours

...l'Angoulmois ...neur le Duc ...Provinces ne ...vernement et ...vins et en ...s .	**16** Saintonge Angoulmois	Saintes Angouleme

28
l'Anjou
a Pour Gouverneur le Comte d'Armagnac, ce Païs est beau les Romains l'aimerent beaucoup, on y voit encore de leurs ouvrages: la Loire et la Sarre l'arrosent ...

l'Anjou a pour Capitale — Angers

...nis ...eur le Comte ...Pais de peti ...st cependant ...ort peuplé. La ...meuse en est	**17** l'Aunis	La Rochelle

29
Le Saumurois
a Pour Gouverneur le Comte de Cominge. Il y a dans cette Province tout ce qui peut faire l'agrément de la vie les Etrangers s'y plaisent beaucoup .

Le Saumurois a pour Capitale — Saumur

...itou ...eur le Marqis ...t une belle Pro ...ar les Batailles ...oy des Gots ...e les Anglois ...336.	**18** Le Poitou a pour Capitale	Poitiers

30
La Flandre
a Pour Gouverneur le Marechal de Boufflers. C'est une des plus belles et des plus riches Provinces de l'Europe et un des bons païs du Monde .

a Pour Ville Capitale — lIsle

...de Grace ...eur le Duc de ...e place est en ...renferme dans ...ent partie du	**19** Le Pais de Caux en Partie	Havre

31
Dunquerque
a Pour Gouverneur le Comte de Medavi. Cette ville tient rang entre les Gouvernemens des Provinces: elle fut retiree des Anglois en 1662. et depuis tres regulierement fortifiée .

Capital de ce Gouvernement — Donquerque

...le Perche ...eur le Marqis ...c'est un Pais de ...s, et ou il y a ...tail et quelque	**20** Le Maine a pour Capital	Mans
	Le Perche a pour Capital	Mortagne

32
Metz et Verdun
ne sont qu'un Gouvernement dont le Marq. de Joyeuse est Gouverneur. Metz s'est rendue fameuse par le Siege qu'elle soutint vigoureusement contre Charles 5. an 1552.

Les deux Villes Principales sont — Metz / Verdun

...rnois ...eur le Duc de ...rovince est con ...a bonté et la ...e terroir et par ...le tire de la ...ire .	**21** Le Nivernois a pour Capital	Nevers

33
Toul
a Pour Gouverneur le Marqis de l'Hôpital. C'est un fort grand Diocése qui fait un Gouvernement

Capitale de ce Diocese — Toul

...bonnois ...eur le Marqs ...C'est un beau ...ille Les Bains ...connus dans ...en cette Pro ...ce .	**22** Le Bourbonois a pour Capital	Moulins

34
l'Alsace
a Pour Gouverneur le Duc de Mazarin, c'est une Province très fertile, arrosée de plusieurs rivieres, les blés, les vins, les fruits et le bétail y abondent .

l'Alsace a pour Capitale — Strasbourg

35
La Franche Comté
a Pour Gouverneur le Marechal de Duras. Cette Province produit des bléds et des vins en abondance .

La Capital de cette Province est — Besançon

...ergne ...eur le Duc de ...t une des bel ...e France, la bas ...t la plus fer ...gréable. En ...n bon Pais	**23** l'Auvergne a pour la Capitale	Clermont

36
Le Roussillon
a Pour Gouverneur . . . . C'est un païs de Montagne et de pâturage .

La Capitale est — Perpignan

...oufin ...eur le Marchis ...t un pais de ...voir n'est pas ...habitans trou ...resources dans ...aire .	**24** Le Limosin a pour sa Capitale	Limoge

Remarque
Il n'est pas necessaire de donner des Instructions pour comprendre cette carte, puis que l'on voit en y jetant les yeux chaque Gouvernement separé avec les Provinces, les Comtez et les Villes qui en dependent. elle est comme la Suivante tirée de l'Etat de la France de 1700

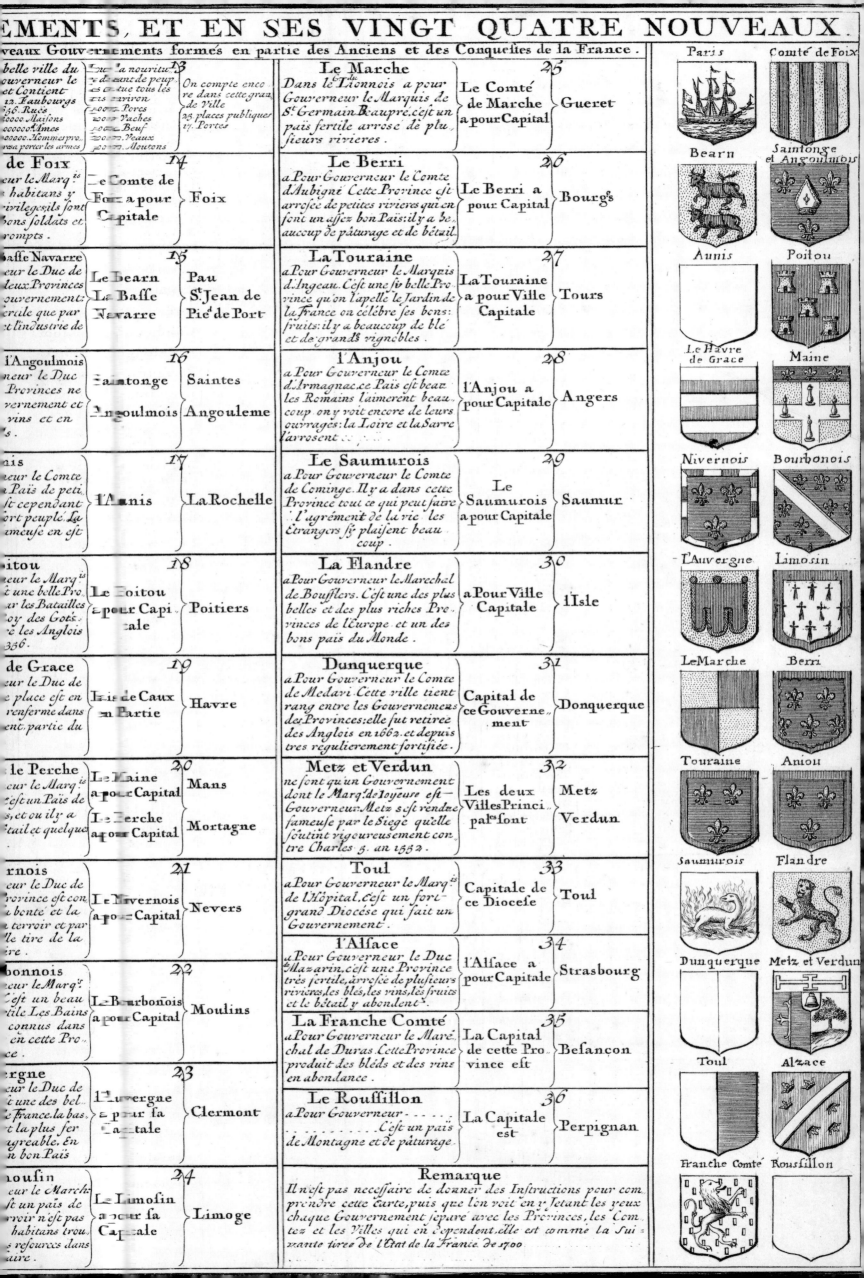

Paris — Comté de Foix
Bearn — Saintonge et Angoulmois
Aunis — Poitou
Le Havre de Grace — Maine
Nivernois — Bourbonois
L'Auvergne — Limosin
Le Marche — Berri
Touraine — Aniou
Saumurois — Flandre
Dunquerque — Metz et Verdun
Toul — Alsace
Franche Comté — Roussillon

BIBLIOGRAPHIE

ASSOCIATION DES PLUS BEAUX VILLAGES DE FRANCE, *Les plus beaux villages de France : guide officiel de l'association*, Sélection du Reader's Digest, 1997.

BARRÈS Maurice, *La Colline Inspirée*, Plon, 1913.

BÉLY Lucien, *Connaître les Cathares*, éditions Sud-Ouest, 1995.

BIEHN Michel, *Couleurs de Provence*, Flammarion, 1996.

BOILEAU Nicolas, *Epitre VI*, 1683.

BONNEVILLE Marc, *Lyonnais-Beaujolais*, éditions Bonneton, 1991.

BONNIGAL Daniel, *Rivières de Flandres, Artois, Picardie, Champagne*, éditions Pirogue, 1992.

BORDAS Pierre, *L'édition est une aventure*, Editions de Fallois, 1997.

BRIAT, GRIMAUD, DE OLIVEIRA, VARENNES, *L'Auvergne*, éditions Ouest-France, 1990.

CHAPELOT Jean, FOSSIER Robert, *Le village et la maison au Moyen Age*, Hachette, 1979.

COUDERC Jean-Marie, *Beaux villages de Touraine*, CLD, 1993.

DAUDET Alphonse, *Les Lettres de mon Moulin*, 1869, *Contes du Lundi*, 1873.

DEBRAYE Henry, *En Touraine*, Arthaud, 1931.

DUBOURG Jacques, *Connaître les bastides du Périgord*, éditions Sud-Ouest, 1993.

FLAUBERT Gustave, *Par les champs et par les grèves*.

FOSSIER Robert, *Terres et villages d'Occident au Moyen Age*, Publications de la Sorbonne, 1992.

GIONO Jean, *Les vraies richesses*, Grasset, 1937.

GRANDIN Michel, *Villages de France : histoire et portraits*, éditions F. Bourin-Julliard, 1991.

HUGO Victor, *Le Rhin*, 1838.

HENRY Marianne, *Villages de Bretagne*, éditions Rivages, 1985.

LAMARTINE Alphonse de, *Harmonies poétiques et religieuses*, 1830.

LANSARD Catherine, DUDOUR Dominique, *Rhônes-Alpes*, Edisud, 1996.

LEBEGUE Antoine, *Poitou-Charentes*, Hachette, 1995.

LE ROY Claude, *Promenade en Normandie sur les pas de Chateaubriand*, éditions C. Corlet, 1995.

MARTIN-DEMEZIL Jean, *Trésors du Val de Loire*, Arthaud, 1987.

MÉRIMÉE Prosper, *Voyage dans le Midi de la France*, Louis Hauman, 1835.

MICHELET Jules, *Tableau de la France*, 1833.

MOURLES Nathalie, *Guide de charme des villages de France*, Rivages, 1997.

ORSINI Jean-Xavier, *Corse : île de montagne*, Vilo, 1997.

PEYROLLES Pierre, *Les plus beaux villages de France*, Minerva, 1994.

PIALLOUX Georges, *Connaître le Pays Basque*, éditions Sud-Ouest, 1989.

RENOUARD Michel, *Promenade en Bretagne*, éditions Ouest-France, 1994.

REPÉRANT Dominique, *Villages de France*, éditions du Chêne, 1990.

RICHARD, PAUTOU, *Alpes du Nord et Jura*, éditions du CNRS, 1983.

ROSSIGNOL Gilles, *Le guide de la Champagne : Ardennes, Aube, Marne, Haute-Marne*, La Manufacture, 1995.

SIEGFRIED Andre, *Tableau politique de la France de l'Ouest*.

SELLIN Loïc, *J'aime la Bourgogne*, éditions Atlas, 1996.

TILLINAC Denis, *La Corrèze et le Zambèze*, Robert Laffont, 1990.

VIDAL DE LA BLACHE Paul, *La France de l'Est : Lorraine, Alsace, 1917*, La Découverte, 1994.

VIGNY Alfred de, *Cinq Mars*, 1826.

WEILL Francis, *Des rives du Doubs aux Dentelles du Midi*, éditions Cêtre, 1989.

COLLECTIF, *Languedoc-Roussillon*, Hachette, 1997.

COLLECTIF, *Les plus beaux villages de France*, Sélection du Reader's Digest, 1994.

Un des premiers plans de ferme, dans la Somme, 1455.

Le Nombre des Lieux qu'il y a de Paris aux Principales Villes du Royaume etc:

DE PARIS A	Lieües
Abbeville :	38
Aix en Pr: ‡	150
Alais ‡	140
Albi ‡	140
Alencon	38
Ale-t ‡	158
Amboise	57
Ambrun ‡	140
Amiens	28
Amsterdam	
Angers ‡	64
Angoulesme	110
Apt ‡	145
Augsbourg‡	
Arras ‡	40
Argentan	40
Arles ‡	145
Arlon	78
Arnay le Duc	65
Avignon ‡	132
Avranches ‡	62
Aurilhac	112
Auch ‡	145
Autun ‡	65
Auxerre	40
Auxonne	72
Ayre ‡	48
Bappaumes	34
Barbezieux	96
Bar le Duc	58
Barreaux	120
Bar sur Aube	42
Bar sur Seine	30
Basle	106
Bastogne	85
Bayeux ‡	62
Bayonne ‡	142
Bazas	124
Beaucaire	144
Beaune	72
Beauvais	16
Befort	120
Belley	112
Belle Isle	106
Berg St Winox	56
Berlin	
Besancon ‡	82
Bethune	45
Beziers	160
Bich	95
Blanc	65
Blavet	140
Blaye	106
Blois	46
Bouchain	40
Bouillon	56
Boulogne ‡	52
Bourdeaux ‡	110
Bourg	92
Bourges ‡	52
Brest	120
Briancon	140
Brie C Robert	6
Brioude	92
Brisach	108
Brouage	106
Bruselle	60
Caen	56
Cahors ‡	118
Calais	60
Cambray ‡	37
Carcassone ‡	158
Carentan	72
Castres ‡	150
Caudebec	34
Chaalons‡	39
Challon ‡	78
Chambor	45
Charlemont	52
Chartres ‡	19
Ch.s Roux	62
Ch.u Thierry	22
Chastelleraud	78
Chaumonten B.	50
Cherbourg	84
Cisteron ‡	140
Clermont ‡	80
Collioure	180
Colmar	104
Cologne ‡	90
Compiegne	17
Condom ‡	135
Cornuaille ‡	128
Coutance ‡	76
Crepy	13
Dammartin	8
Dasa ‡	132
Die ‡	125
Dieppe	40
Digne ‡	148
Dijon	66
Dole ‡	75

DE PARIS A	Lieües
Douay	44
Dourlens	35
Dresden	
Dreux ‡	16
Dunkerke	60
Düsseldorp	
Elna ‡	176
Epernay	32
Estampes	13
Evreux ‡	19
Falaise	44
Fescamp	48
la Fleche	54
Foix ‡	152
Fontaine Bleau	14
Francfort	
Frejuls ‡	169
Fribourg	112
Gand ‡	65
Gap ‡	140
Geneve ‡	105
Gex	104
Glandeves‡	170
Grace ‡	172
Granville	68
Gravelines	58
Gray	74
Grenoble‡	118
Gueret	80
Guise	34
Ham	26
Hambourg	
Hanover	
Harfleur	43
Havre de Grace	45
Heidelberg	
Hesdin	42
Hombourg	90
Honfleur	40
Huningue	112
Ioigny	33
Ipres ‡	55
Issoire	86
Issoudun	59
Landau	105
Landrecy	40
Langres ‡	57
Laon	29
Lavaur ‡	136
Lectour ‡	136
Leipsick	
Liege	72
Lille	50
Limoges‡	83
Lisieux ‡	34
Loches	64
Lodeve ‡	132
Lombez ‡	146
Londres‡	92
Longwye	68
Loudun	78

Pour la Commodité et la Sureté des Voyageurs, car celuy qui demande beaucoup s'egare le plus souvent et se retarde.

aux depens Tob. Conr. Lotter, Geogr. à Augsbourg.